書下ろし

敬語の達人

―クイズでわかるあなたの勘違い―

山岸弘子

祥伝社黄金文庫

本書は、祥伝社黄金文庫のために書き下ろされた。

はじめに

「こちらにお名前をご記入してください」

「支店長がごあいさつにいらっしゃいますので、ちょっと、お待ちしてください」

「担当の方にうかがってきますので、お座りしていてください」

これらの表現は、老舗《しにせ》ホテル、銀行、百貨店で私が実際に耳にした間違い敬語です。接客のプロと呼ばれる人も、敬語の使い間違いをしていることが少なくないようです。


企業の社員教育担当者に敬語の研修をすると、「プロに教えてもらったのは初めてです」

「先輩から教わった敬語を新入社員にも伝えてきましたが、間違いを教えていたことに初めて気がつきました」という声も数多く聞きます。


このような研修の受講者の声、ＮＨＫ学園通信講座「話し上手は敬語から」の受講者の声に触れるたび、適切で相手から信頼される敬語を使うためには、意識的に自分の力で敬語を学ぶ必要があることを実感しています。実は、学校教育で学ぶ敬語は敬語の入り口程度に過ぎません。正しい敬語を身につけられるかどうかは社会に出てからの環境や、本人の意識によるところが大きいのです。職場に適切で美しい敬語を使っている先輩がいるという人は、幸運です。見よう見まねで敬語を使っていると、知らず知らずのうちに間違い敬語が身についてしまうことも多いのです。

敬語の本を読んでそのときは納得してもなかなか身につかない、という意見を聞きます。それは、読むことが受身の営《いとな》みであるからです。敬語を身につけるためには、能動的に敬語にかかわっていくことが大切です。

本書の最大の特色は、あなた自身の力でクイズを解き、あなたの答えの適否を次のページで確認することにより、敬語力を自己判断できるように構成されていることです。つまり、能動的に敬語と向かいあうことができるように構成されていることです。クイズ一題につき三箇所、おかしなところ、「敬語の達人」という評価を得るためには言い換えたほうがよいところがあります。

敬語力を高めると、仕事を任せられるようになり、信頼されるようになり、人と話すことが楽しくなります。これは、意欲的に敬語を学んだNHK学園の受講修了者の実感です。

本書の活用で、敬語力を高めたあなたが、美しい的確な敬語を自在に使い、生き生きと自己表現し、周りからの信頼を得ている姿を想像すると、私は、幸せな気持ちで満たされてきます。

本書の執筆にあたり、あたたかく励まし、導いてくださった祥伝社黄金文庫編集部に、この場をお借りして、御礼を申し上げます。

二〇〇六年十二月

山岸《やまぎし》　弘子《ひろこ》

目次

敬語の達人

2 お客さまとの会話……77

敬語の達人

5 書き言葉の敬語

1

社外の人からの電話

電話のやりとりは相手の顔が見えないだけに、言葉がとても大切です。
言葉の勘違い、していませんか?
問題文にはすべて、適切ではない表現が3箇所あります。
それを指摘してください。

問1 不在の電話（その1）

内田支店長は、席をはずしていらっしゃいます。

まもなく席に戻られると思いますが……。

答1 内田は、席をはずしております。まもなく席に戻ると思いますが……。

①《マナー》**「内田支店長は」→「内田は」**

社外の人に話すときは、社内の人には敬称（さんなど）や肩書きをつけずに表現します。役職名を伝える必要のあるときには、「支店長の内田は」と表現します。

②《敬語》**「いらっしゃいます」→「おります」**

社外の人に対して話すときは、社内の人の行為は、尊敬語ではなく、謙譲語で表現します。上司の行為を話すときは、社外の人にも、尊敬語で表現してしまいがちなので、注意が必要です。

③《敬語》**「戻られる」→「戻る」**

「戻られる」は、「戻る」に「れる」という尊敬語をつけた表現で、社外の人に話すときは不適切です。

正解数	／3

問2 不在の電話（その2）

それでは、用件を教えてもらっていいですか？
はい、確かにお伝えいたします。

答2　それでは、ご用件をお聞かせいただけますか？　はい、確かに申し伝えます。

①《敬語》**「用件」→「ご用件」**

相手の用件ですから、尊敬語の「ご」が必要です。

②《敬語》**「教えてもらっていいですか？」→「お聞かせいただけますか？」**

「～してもらっていいですか？」という表現が流行しています。老舗の百貨店などでも試着のときに「フェイスカバーを使ってもらっていいですか？」と言われたり、「ご案内を送りたいので、ご住所を教えてもらっていいですか？」と言われたりすることがあり、驚きます。お客さまに丁寧な印象を与えたいのならば「お／ご～いただけますか？」というもっとレベルの高い敬語を使えるようにしておきましょう。

③《敬語》**「お伝えいたします」→「申し伝えます」**

「お伝えする」は、伝える人を低め、伝える先を高める謙譲語です。「お伝えします」と表現すると、伝える先＝自社の支店長を高めることになります。

正解数	／3

問3 不在の電話（その3）

内田は、お客さまの電話番号をご存じでしょうか？
取りあえず、電話番号もよろしいでしょうか？

答3　内田は、お客さまの電話番号を承知しておりますでしょうか？念のため、電話番号もお聞かせ願えますか？

①《敬語》**「ご存じでしょうか？」→「承知しておりますでしょうか？」**

「ご存じ」は尊敬語です。社外の人の前で、自社の上司を高めてしまうことになります。

②《マナー》**「取りあえず」→「念のため」**

このような場面で使う「念のため」という常套句《じょうとうく》を覚えておきましょう。「取りあえず」と言うと、場当たり的な印象を与えます。

③《敬語》**「電話番号もよろしいでしょうか？」→「電話番号もお聞かせ願えますか？」**

簡易で、言いやすいせいか、「お名前よろしいでしょうか？」「電話番号よろしいでしょうか？」という表現を使う人が増えてきています。「よろしいでしょうか？」の元の語は、「いいですか？」ですので、「電話番号もよろしいでしょうか？」は、「電話番号もいいですか？」と言っていることと同じになり、言葉が不足しています。

正解数　／3

問4 不在の電話（その4）

席に戻られましたら、福山さまからお電話していただいたことを申し上げます。

答4 席に戻りましたら、福山さまからお電話いただだいたことを申し伝えます。

①《敬語》**「戻られましたら」→「戻りましたら」**
社外の人に対して話すときには、社内の人の行為に尊敬語は使いません。

②《敬語》**「お電話していただだいた」→「お電話いただだいた」**
「お電話して」は、電話をかける人を低める謙譲語です。**「お〜して」は、謙譲語の「お〜する」**（お持ちする・お渡しするなど）**の連用形**ですので、お客さまの行為を表現するときには使えません。お客さまを低める**間違い敬語**ですので、要注意です。

③《敬語》**「申し上げます」→「申し伝えます」**
「申し上げます」は、言う人を低め、言う先を高める謙譲語です。したがって、この場面の使い方だと、自分を低め、支店長を高めることになります。社内の人同士の会話では、この使い方は正しいのですが、社外の人に対して「（上司）に申し上げます」と表現するのは誤りです。

正解数　　／3

問5 不在の電話（その5）

わかりました。
福山さまの携帯に電話を入れればよろしいでしょうか？

答5　承知いたしました。福山さまの携帯電話にご連絡すればよろしいでしょうか？

①《マナー》**「わかりました」→「承知いたしました」**

「わかりました」は普段着の言葉です。ビジネスシーンにふさわしい言葉に着替えましょう。「承知いたしました」のほか、「かしこまりました」という表現もあります。

②《マナー》**「携帯」→「携帯電話」**

携帯電話のことを「携帯」と呼ぶのが一般化していますが、ビジネスシーンでは、略さずにきちんと「携帯電話」と表現します。

③《マナー》**「電話を入れれば」→「ご連絡すれば」**

「電話を入れる」は普段着の表現です。謙譲語をきちんと使い、お客さまを尊重する姿勢を伝えます。

正解数　／3

問6 不在の電話（その6）

本日、内田はお休みをいただいております。
10日まで出てまいりませんが……。

答6 本日、内田は休みをとっております。10日に出てまいります。

①《敬語》**「お休み」→「休み」**

社内の人の休みに敬語を使う必要はありません。

②《敬語》**「いただいております」→「とっております」**

この場面での「いただく」は、「もらう」の謙譲語で、「もらう人」を低め「与える人」を高めます。一般に休みを与えるのは、社内の人ですから、社内の人を高めることになってしまいます。この表現をお客さまに対してへりくだるつもりで使う人もいますが、この表現をされて「私が休みを許可したわけではない」「私が休みをいつあげた?」と、不快に感じたり、違和感を覚えたりするお客さまも少なくありません。

③《マナー》**「10日まで出てまいりません」→「10日に出てまいります」**

「10日まで出てまいりません」と表現されると、10日に出てくるのか、11日に出てくるのかがはっきりしません。

正解数　／3

問7 不在の電話（その7）

坂本でございますか？
坂本もちょっとお電話中でございまして、
どなたにかわればよろしいでしょうか？

答7　坂本でございますか？　坂本もただいま電話中でございまして、どの者にかわればよろしいでしょうか？

①《マナー》**「ちょっと」→「ただいま」**

「ちょっと」が口癖になっている人も多くいますが、ビジネスシーンにふさわしい言葉ではありません。「ちょっと」は、伝染しやすい口癖ですので、一度社内で「ちょっと」が多用されていないかどうかを確かめてみるとよいでしょう。

②《敬語》**「お電話中」→「電話中」**

社外の人に対して話すときに、社内の人の行為に尊敬語をつけるのは誤りです。

③《敬語》**「どなた」→「どの者」**

「どなた」は、「だれ」の尊敬語ですから、社外の人に対して、社内の人を「どなた」と高めて表現するのは誤りです。

正解数　／3

問8 不在の電話（その8）

内田は席はずしなのですが、
内田から連絡させますので、
電話番号を頂戴《ちょうだい》できますか？

答8 内田は席をはずしておりますが、内田からご連絡いたしますので、電話番号をお教えいただけますか?

①《マナー》**「席はずしなのですが」**↓**「席をはずしておりますが」**

時間を短縮するために、このような省略表現が使われているのかもしれませんが、一般的な表現ではありません。一秒の短縮のために、相手に違和感を与えてしまうことがないようにしたいものです。

②《マナー》**「連絡させますので」**↓**「ご連絡いたしますので」**

「連絡させます」では、随分と威張っているように響きます。「ご連絡いたします」と表現すればよいのです。

③**《敬語》「頂戴できますか?」**↓**「お教えいただけますか?」**

「頂戴する」の元の言葉は、「もらう」ですから、「電話番号をもらえますか?」と言っているのと同じことなのです。一部のマニュアル本にもこの表現が載っていますが、電話番号はあげたり、もらったりするものではありませんので、違和感の残る表現です。

正解数 ／3

問9　不在の電話（その9）

内田は、今日は、直帰の予定ですので、明日ご連絡してくださいますか？

答9 内田は、本日は、戻らない予定ですので、明日ご連絡をくださいますか？

①《マナー》**「今日」→「本日」**

ビジネスシーンでは、「本日」という**改まり語**を使います。

②《マナー》**「直帰」→「戻らない」**

「直帰」という表現は、お客さまに対して使う表現ではありません。ことに電話で「チョッキ」と言われても、意味がすぐに理解できない人も多いのです。相手が理解しやすい言葉を使うのも、相手に対する思いやりです。

③《敬語》**「ご連絡してくださいますか？」→「ご連絡をくださいますか？」**

「ご連絡して」の元の語は、「ご連絡する」という謙譲語ですから、連絡する人＝お客さまを低めます。お客さまの行為に対して使うのは誤りであり、大変失礼です。「くださいますか？」という尊敬語をつけても、「ご～してくださいますか？」という表現をお客さまに対して使うのは誤りなのです。したがって「こちらの用紙にご記入してくださいますか？」「ご協力してくださいますか？」なども**間違い敬語**です。

正解数 ／3

問10 名乗らない電話

すみません、お客さまのお名前をいただけますか？
福山さまでございますね？

答10　恐れ入ります、お客さまのお名前をお聞かせいただけますか？　福山さまでいらっしゃいますね？

①**《マナー》「すみません」→「恐れ入ります」**
「すみません」という表現は、ビジネスシーンでは軽すぎます。

②**《敬語》「いただけますか？」→「お聞かせいただけますか？」**
「頂戴できますか？」同様、「いただく」の元の語は「もらう」ですから、「お名前をもらえますか？」と言っているのと同じことです。「お名前をいただけますか？」という流行の表現に頼るよりも「お教えいただけますか？」「お聞かせ願えますか？」という伝統的な表現をしたほうが、信頼感を得ることができます。

③**《敬語》「ございますね？」→「いらっしゃいますね？」**
「ございます」は、丁寧語です。尊敬語の「いらっしゃいます」を使い、敬意をしっかり届けます。

正解数　／3

問11 上司の奥さまとの電話（その1）

内田は席をはずしております。
10分ほどで戻ると思いますが……。

答11 内田支店長は席をはずしていらっしゃいます。10分ほどでお戻りになると思いますが……。

①《マナー》**「内田」→「内田支店長」**

上司の奥さまに対しては、「内田支店長」と表現します。

②《敬語》**「はずしております」→「はずしていらっしゃいます」**

お客さまからの電話の場合は、社内の人を身内扱いして「おります」という謙譲語を使いますが、上司、同僚の身内からの電話の場合は「いらっしゃいます」という尊敬語を使います。この使い分けを誤る人が多いので、要注意です。

③《敬語》**「戻る」→「お戻りになる」**

上司の行為には尊敬語を使って話します。「お〜になる」という尊敬語は、敬意も高いので、積極的に使ってみましょう。

正解数 ／3

問12 上司の奥さまとの電話（その2）

急ぎですか？　すぐに呼んできますので、待っててもらえます？

答12 お急ぎでいらっしゃいますか？　すぐにお呼びしてまいりますので、お待ちいただけますか？

①《敬語》**「急ぎですか？」→「お急ぎでいらっしゃいますか？」**
「お～でいらっしゃる」という尊敬語を覚えておきましょう。

②《敬語》**「呼んできます」→「お呼びしてまいります」**
「お呼びして」で、上司への敬意を表し、「まいります」で奥さまへの敬意を表します。なお、「お呼びする」も「まいる」も謙譲語です。

③《敬語》**「待っててもらえます？」→「お待ちいただけますか？」**
「待っててもらえます？」は、普段着の言葉です。謙譲語の「お～いただく」を使って「お待ちいただけますか？」と表現します。また、語尾の「か」を脱落させた表現は、なれなれしい印象を与えますので、「か」を脱落させる癖のある人は直しておきましょう。「か」をやさしく発音すると、おだやかな印象を与えることができ、相手も話しやすくなります。

正解数	／3

問13 上司の奥さまとの電話（その3）

了解しました。

席に戻ったら、必ず申し伝えます。

答13　かしこまりました。お戻りになりましたら、必ずお伝えいたします。

①《マナー》**「了解しました」→「かしこまりました」**
丁寧に話します。

②《敬語》**「戻ったら」→「お戻りになりましたら」**
尊敬語の「お戻りになる」を使います。

③《敬語》**「申し伝えます」→「お伝えいたします」**
お客さまへの電話応対のときとは逆で、上司の身内や同僚の身内に対しては「お伝えいたします」（16ページ）という謙譲語を使い、上司や同僚を高めます。混乱してしまう人も多いのですが、社外の人には「申し伝えます」、上司の身内や同僚の身内に対しては「お伝えいたします」という区別を覚えてしまいましょう。

正解数　／3

問14 電話を取り次ぐ（その1）

内田でございますね？
電話が終わったみたいです。
内田におかわりしますので、 そのままお待ちしてください。

答14 内田でございますね？　電話が終わりました。内田にかわりますので、そのままお待ちください。

①《マナー》**「終わったみたいです」→「終わりました」**

あいまいな表現は避けます。

②《敬語》**「おかわりします」→「かわります」**

「おかわりする」は、話し手を低めることでかわる先＝支店長を高めることになります。

③《敬語》**「お待ちしてください」→「お待ちください」**

「お待ちしてください」の**「お～して」は謙譲語「お～する」の連用形**です。「お待ちしてください」と表現すると、待つ人＝お客さまを低め、待たれる人＝支店長を高めることになります。お客さまに対して大変失礼な表現です。お客さまに対して「お～してください」と表現するのは、誤りであることをしっかり覚えておきましょう（20ページ参照）。

正解数
／3

問15

電話を取り次ぐ（その2）

いま内田にかわりますので、
少しお時間よろしいでしょうか？

答15 ただいま内田にかわりますので、少々お待ちいただけますか？

①《マナー》**「いま」→「ただいま」**

ビジネスシーンでは、「ただいま」という改まり語を使います。

②《マナー》**「少し」→「少々」**

「少々」も改まり語のひとつです。

③《マナー》**「お時間よろしいでしょうか？」→「お待ちいただけますか？」**

「お時間よろしいでしょうか？」の元の語は、「時間いいですか？」です。電話で唐突に「お時間よろしいでしょうか？」と言われても、相手は戸惑ってしまうでしょう。相手は、何について「よろしいでしょうか？」と言われているのかが瞬時に判断できないからです。

正解数　／3

問16

電話の声が聞き取りにくい（その1）

（携帯からの電話を受けて）聞き取れないんですが、もう少したったら、折り返してください。

答16 （携帯からの電話を受けて）電波の状態がよくないようでございます。３分後に、こちらからご連絡をいたします。

① 《マナー》**「聞き取れないんですが」**→**「電波の状態がよくないようでございます」**

携帯電話での会話で、雑音が入ってしまうときは、電波の状態がよくないことを伝えます。

② 《マナー》**「もう少したったら」**→**「３分後に」**

できるだけ自分側からかけ直し、お客さまに与える負担を減らしたいものです。かけ直す場合には、具体的に時間を指定したほうが親切です。その間に、相手も電波の状態のよい、静かな場所に移動することができます。

③ 《知識》**「折り返してください」**→**「こちらからご連絡をいたします」**

「折り返す」は、「手紙や話などのやりとりを、あまり間をおかないでする」（国語大辞典）という意味ですので、電話をかけてきた相手に対して「折り返してください」とは言いません。

正解数　／３

問17 電話の声が聞き取りにくい（その2）

ごめんなさい。大きな声で話してもらえませんか？
受話器の調子が悪いようですので、
こちらから電話ってことでよろしいでしょうか？

答17

恐れ入ります。お電話が遠いようでございます。受話器の調子が悪いようですので、こちらからお電話させていただきたいのですが、よろしいでしょうか？

①《マナー》**「ごめんなさい」→「恐れ入ります」**

「ごめんなさい」もビジネスシーンで使う言葉ではありません。

②《マナー》**「大きな声で話してもらえませんか？」→「お電話が遠いようでございます」**

相手の声が小さかったり、不明瞭だったりするときには、「お電話が遠いようでございます」という婉曲《えんきょく》な表現をします。相手の声が聞き取りにくいときには、こちらの声が大きくなり、語調もきつくなりがちですから、おだやかに話すように心がけます。

③《マナー》**「電話ってことでよろしいでしょうか？」→「お電話させていただきたいのですが、よろしいでしょうか？」**

このような表現は、なれなれしく、強引な印象を与えてしまいます。

正解数	／3

問18 お客さまのお宅に電話をする（その1）

祥伝銀行の樋口でございます。
桜井さまのお宅でいらっしゃいますか？　この前はどうも。

答18 祥伝銀行の樋口でございます。桜井さまのお宅でしょうか？
先日はありがとうございました。

①《敬語》**「お宅でいらっしゃいますか？」**↓**「お宅でしょうか？」**
「お宅でいらっしゃいますか？」という表現も増えてきましたが、家に対して尊敬語を使うのは、違和感が残ります。「お宅でしょうか？」とやわらかいイントネーションで尋ねれば、相手に違和感を与えずにスムーズに会話に入っていくことができます。

②《マナー》**「この前」**↓**「先日」**
改まり語の「先日」を使います。

③《マナー》**「どうも」**↓**「ありがとうございました」**
「どうも」というあいさつは、簡便ですが、お客さまに対してするあいさつではありません。「ありがとうございました」というひとことに、お客さまへの感謝の気持ちをこめます。発音が悪いと「ありとうざいました」と聞こえてしまうこともありますので、発音にも気をつけます。

正解数　／3

問19 お客さまのお宅に電話をする（その2）

ご主人さまは何時ごろご帰宅されますか？

じゃあ、そのころ改めます。

答19 ご主人さまは何時ごろお戻りになりますか？ それでは、そのころ改めてお電話いたします。

①《敬語》**「ご帰宅されますか？」→「お戻りになりますか？」**

「ご〜される」は規範的には、謙譲語＋尊敬語の組み合わせで、**間違い敬語**とされています。「ご結婚される」「ご出席される」などもよく耳にしますが、間違い敬語です。また、耳から入ってすぐに理解しづらいので「お戻りになりますか？」「お帰りになりますか？」という表現がよいでしょう。電話では、相手が聞いてすぐに理解できる表現を選択するという配慮も大切です。

②《マナー》**「じゃあ」→「それでは」**

「じゃあ」は普段着の言葉です。これも口癖になりやすい言葉のひとつです。

③《マナー》**「改めます」→「改めてお電話いたします」**

電話をかけ直すという意味で「改めます」と言われることが増えてきました。このような言葉の省略は、ぞんざいな印象を与えます。

正解数　／3

問20 お客さまのお宅に電話をする（その3）

お久しぶりです。
変わりございませんか?
はい、お陰さまで、うちの者は元気にしております。

答20 ご無沙汰しております。お変わりなくお過ごしですか？　はい、お陰さまで、私どもは元気にしております。

①《マナー》**「お久しぶりです」→「ご無沙汰しております」**

目上の人に対して「お久しぶり」というあいさつは軽すぎます。「無沙汰」は、「沙汰（便り、知らせ）をしない」という意味ですので、「ご無沙汰しております」という表現には自分から手紙を書いたり電話をしたりしなかったことを詫びるニュアンスがあります。

②《敬語》**「変わりございませんか？」→「お変わりなくお過ごしですか？」**

「ございます」は丁寧語です。目上の人の無事を尋ねる場合には、尊敬語を使いましょう。より丁寧に表現する場合には「お変わりなくお過ごしでいらっしゃいますか？」と表現します。

③《マナー》**「うちの者」→「私ども」**

ビジネスシーンでは「私ども」という表現を使います。

正解数　／3

問21

取引先の会社に電話をする（その1）

祥伝銀行の樋口でございます。いつもお世話さまです。

すいません、滝沢さまはおりますか？

答21 祥伝銀行の樋口でございます。いつもお世話になっております。恐れ入りますが、滝沢さまはいらっしゃいますか？

①**《敬語》「お世話さまです」→「お世話になっております」**

謙譲語の「おります」を使い、丁寧に表現します。

②**《マナー》「すいません」→「恐れ入りますが」**

「すいません」は、「すみません」の変化した言葉です。「すみません」よりラフな印象を与える言葉ですので、ビジネスシーンでは使わないように気をつけます。「恐れ入りますが」は、ものを頼んだり、尋ねたりするときの、いわゆる**「クッション言葉」**（会話のクッション役をする言葉）です。

③**《敬語》「おりますか？」→「いらっしゃいますか？」**

「おります」は謙譲語ですから、例文のような使い方は誤りです。「いらっしゃる」という尊敬語を使います。

正解数 ／3

問22

取引先の会社に電話をする（その2）

滝沢さまの戻りは何時ごろでしょうか？

あと、やっぱ、滝沢さまにお伝えいただきたいのですが……。

答22 滝沢さまのお戻りは何時ごろでしょうか？　お手数をおかけいたしますが、やはり、滝沢さまにお伝えいただきたいのですが……。

①《敬語》**「戻り」→「お戻り」**
社外の人の行為には尊敬語を使い、敬意を表現します。

②《マナー》**「あと」→「お手数をおかけいたしますが」**
「あと」も口癖になりやすい言葉です。「お手数をおかけいたしますが」も**クッション言葉**（54ページ）のひとつです。

③《マナー》**「やっぱ」→「やはり」**
「やっぱ」「やっぱり」を「やはり」と発音すると、きちんとした印象を与えます。

正解数　／3

問23 取引先の会社に電話をする（その3）

メモを置いてくださるのですね。
ありがとうございます。
悪いけど、お宅さんの名前を教えてください。

答23 メモを置いてくださるのですね。ありがとうございます。恐れ入りますが、お名前をお聞かせ願えますか？

①《マナー》**「悪いけど」→「恐れ入りますが」**

「悪いけど」は普段着の言葉です。

②《マナー》**「お宅さんの名前」→「お名前」**

相手の家を指して「お宅」と言うのはかまいませんが、「あなた」という意味で使うのは避けましょう。「お名前」と尊敬語を使って表現すれば「あなたの名前」ということが伝わります。

③《マナー》**「教えてください」→「お聞かせ願えますか？」**

伝言を頼むときに、相手が名乗らない場合には、相手の名前を聞いておきます。何か行き違いがあったときも、相手の名前がわかっていれば、スムーズに処理ができます。相手の名前を聞き出すときにも、命令形を使わずに、相手の意向を尊重する表現にすると、丁寧な印象を与えることができます。

正解数　／3

問24 取引先の会社に電話をする（その４）

滝沢さま、今週中にこっちにお越しになられるそうですが、まいられる前にお電話をくださいますか？

答24 滝沢さま、今週中にこちらにお越しになるそうですが、お越しになる前にお電話をくださいますか？

① 《マナー》**「こっち」→「こちら」**
改まり語の「こちら」を使います。

② 《敬語》**「お越しになられる」→「お越しになる」**
「お越しになる」で敬意の高い敬語ですが、それにさらに尊敬語の「れる」をつけて使う人が増えてきました。ひとつの単語を二重に敬語化した、いわゆる**二重敬語**と呼ばれるものです。二重敬語は、敬語を使い慣れない人に多いと言われています。二重敬語を使ったからといって、敬意がより伝わるというわけではなく、かえって、「敬語を使い慣れない人」という印象を与えてしまうおそれがあります。

③ 《敬語》**「まいられる」→「お越しになる」**
「まいる」という謙譲語の後に尊敬語の「れる」をつけたものですので、この例文のような使い方は誤りです。

正解数　／3

問25 クレームの電話を受けたとき（その1）

担当者は席をはずしております。
私でよかったら、
一応聞いておきますが、どうなさいますか？

答25 担当者は席をはずしております。私、同じ課の樋口と申します。私でよろしければ、お聞かせ願いたいのですが、お話しいただけませんでしょうか?

①《マナー》**「私でよかったら」→「私、同じ課の樋口と申します。私でよろしければ」**

「私でよかったら」と唐突に言われても、「私」が何者なのかがわからないと、お客さまは戸惑ってしまいます。

②《マナー》**「一応聞いておきますが」→「お聞かせ願いたいのですが」**

クレームの電話の応対で「一応」は禁句です。誠意の感じられない応対はお客さまを失望させてしまいます。

③《マナー》**「どうなさいますか?」→「お話しいただけませんでしょうか?」**

クレームの電話の場合、お客さまは「一刻も早く自分の話を聞いてほしい」という気持ちでいますので、お客さまの思いをくみ取り、それに応える応対をしなければなりません。

正解数 ／3

問26 クレームの電話を受けたとき（その2）

それは、どうも失礼いたしました。
ご利用になられた支店を教えてください。

答26 それは、誠に失礼いたしました。ご利用いただいた支店をお教えいただけますか？

①《マナー》「**どうも**」↓「**誠に**」

改まり語を使い、お客さまに対する真摯な姿勢を、お客さまの心に届けます。

②《敬語》「**ご利用になられた**」↓「**ご利用いただいた**」

「ご～になられる」は**二重敬語**です。

③《マナー》「**教えてください**」↓「**お教えいただけますか？**」

クレームの電話応対では、命令形の使用はできるだけ避けます。お客さまの意向を尊重する姿勢を示すことが大切です。その姿勢が伝われば、かたくなだったお客さまの気持ちもやわらいでいきます。

正解数 ／3

問27 クレームの電話を受けたとき（その3）

そんなはずはないと思います。

（確認後）係のほうのミスでございました。よく言っておきます。

答27 さようでございましたか。（確認後）私どものミスでございました。今後は十分に注意いたします。

①**《マナー》「そんなはずはないと思います」→「さようでございましたか」**
「そんなはずはない」も、「一応」同様禁句です。このような応対では、二次クレームを生み出してしまいます。

②**《マナー》「係のほう」→「私ども」**
「ほう」というあいまいな言葉では、ますますお客さまの心証を害してしまいます。また、たとえ担当者個人のミスだとしても、お客さまに対しては「私どものミス」と表現します。

③**《マナー》「よく言っておきます」→「今後は十分に注意いたします」**
職場全体のミスとして受け止めていることが伝わるように、言葉を選びます。

正解数　／3

問28 クレームの電話を受けたとき（その4）

かなりご迷惑をおかけしたみたいで、
申し訳ございません。
そのときの状況を詳しく聞きたいのですが……。

答28 多大なご迷惑をおかけいたしまして、申し訳ございません。そのときの状況を詳しくお聞かせいただきたいのですが……。

①《知識》**「かなり」→「多大な」**

お客さまにかけた迷惑の大きさにもよりますが、「かなり」は、「非常にというほどではないが、普通の程度を大分超えているさま」（大辞林）という意味ですから、クレームの応対のときに使う言葉ではありません。

②《マナー》**「おかけしたみたいで」→「おかけいたしまして」**

伝聞であっても「迷惑をかけたみたいで」「迷惑をかけたようで」と表現したのでは、無責任な応対と受け止められても仕方がありません。

③《敬語》**「聞きたいのですが」→「お聞かせいただきたいのですが」**

丁寧な言葉で、お客さまに対する敬意と誠意を伝えます。

正解数　／3

問29

クレームの電話を受けたとき（その5）

（お客さまの説明を受けて）なるほど。切り離してはいけない用紙を窓口の方が切り離してしまったということでございますね？

本当かどうか確かめてきます。

答29　（お客さまの説明を受けて）さようでございましたか。切り離してはいけない用紙を窓口の者が切り離してしまったということでございますね？　ただいま、確認してまいります。

①**《マナー》「なるほど」→「さようでございましたか」**

あいづちを「なるほど」と短く打つ人が増えてきています。テレビの出演者の影響かと思いますが、お客さまの話を「なるほど」で受けることは避けましょう。失礼な感じがします。また、クレームの電話を受けたときは、いつもより丁寧な応対をするように心がけます。

②**《知識》「窓口の方」→「窓口の者」**

社内の人は、「者」と表現します。

③**《マナー》「本当かどうか確かめてきます」→「ただいま、確認してまいります」**

「本当かどうか」などと言われたら、お客さまは「私の言っていることを信用しないのか？」とますます不快になります。

正解数　／3

問30 クレームの電話を受けたとき（その6）

今後このようなことがないように十分注意してまいりますので、どうぞ勘弁してください。はい、担当の者にも厳しくご注意いたします。

答30

今後このようなことがないように十分注意してまいりますので、なにとぞご容赦ください。はい、担当の者にも厳しく注意いたします。

①《マナー》**「どうぞ」→「なにとぞ」**
謝罪の場面で「どうぞ……」は軽すぎます。

②《敬語》**「勘弁してください」→「ご容赦ください」**
「ご〜ください」という尊敬語を使うか、「ご〜いただけませんか?」という謙譲語を使います。

③《敬語》**「ご注意いたします」→「注意いたします」**
「ご注意いたします」と表現すると、注意する先=ミスをした人を高めることになってしまいます。クレーム応対では、ことに、社内の人を高める**間違い敬語**に注意してください。「注意いたします」と表現すれば、お客さまへの敬意を表したことになります。

正解数 ／3

問31 クレームの電話を受けたとき（その7）

貴重なクレームをいただき、ありがとうございます。ご注意していただき、問題点に気がつきました。また別の日にでもお詫びにうかがいます。

答31 貴重なご意見をいただき、ありがとうございます。ご注意いただき、問題点に気がつきました。また日を改めてお詫びにうかがいます。

①《知識》**「クレーム」→「ご意見」**
「クレーム」とは、苦情のことです。「貴重な苦情」がおかしな表現であるように、「貴重なクレーム」もおかしな表現です。

②《敬語》**「ご注意していただき」→「ご注意いただき」**
「ご注意して」と表現すると、お客さまを低め、自分を高めることになってしまいます。

③《マナー》**「別の日にでも」→「日を改めて」**
重大なミスの場合は、その日のうちに謝罪に行き、誠意を伝えます。遅くとも翌日には、出向きたいものです。

正解数	／3

いまどきの言葉 【敬語コラム】

講演会後、主催者、参加者と懇談することがありますが、言葉づかいに厳しい人が多いことに驚きます。とくに、男性の中には、言葉について一家言《いっかげん》ある人が多く、「○○という話し方は許せない」「○○という表現をされた時点で取引をする気がなくなる」「社員の言葉づかいを教育できないような企業とは取引しないほうがよい」などと発言する人が多いのです。

実際に、言葉づかいに厳しい人が、「これだけは許せない！」とあげる、相手を不快にする「いまどきの言葉」には、どのようなものがあるのか、一部を紹介します。

①**「じゃないですかぁ」**／「じゃないですかぁ」を耳にしない日はないほど流行していますが、相手に無理矢理同意を求めるニュアンスがあります。「押し付けがましい」と受け取る人も多いですし、なれなれしく不遜《ふそん》な態度と感じる人も多いのです。また、「『じゃないですかぁ』って言われても……」と困惑する人も多いことを知っておいてください。

②**半クエスチョン形**／会話の途中で、無意味に語尾を上げるのを、「半クエスチョン形」と呼びます。「謙譲語の二分類？って難しくないですか」というような表現です。この半クエスチョン形を使われると、語尾を上げられるたびに反応しなければならず、聞き手は負担に感じます。年配者でも使う人が増えてきていますが、この「半クエスチョン形」を嫌う人もたくさんいますので、要注意です。また、多用すると、自信のない人という印象を

与えてしまいます。

③**「とか」**／口癖になりやすい言葉のひとつです。「とか」を多用する話し方は、「とか弁」とも呼ばれています。例えば、「明日とかはご都合とかいかがですか?」「電話とかなさいましたか?」などの「とか」は不要で、あいまいな表現をする人という印象を与えてしまいます。

④**「よろしかったでしょうか?」**／「ファミ・コン言葉」のひとつです。「ファミ・コン言葉」というのは、ファミリーレストランやコンビニエンスストアで使われ、広まったとされる言葉のことです。初めて訪れたファミリーレストランで「禁煙席でよろしかったでしょうか?」と尋ねられた経験を持つ人も多いのではないでしょうか。過去形にすることで丁寧さを出そうとしているようですが、場面に合わないワンパターンな使い方に違和感を覚える人が多いのです。初めて許可を得る場面では「よろしいでしょうか?」と言い換えます。

⑤**「○○になっております」**／「ファミ・コン言葉」と呼ばれるもののひとつです。「こちらが企画書になっております」などという表現に要注意です。「こちらが○○です」と表現すればよいのであり、もっと、丁寧に表現する必要があるときは、「こちらが○○でございます」と表現します。

⑥**「私的」「僕的」**／「私的には、こちらがお勧めです」などのように使われます。「私といたしましては」と言えば、信頼感を得ることができるでしょう。

2 お客さまとの会話

お客さまにとっては、会話をしているあなたが、会社の代表です。
言葉の勘違い、していませんか?
問題文にはすべて、適切ではない表現が3箇所あります。
それを指摘してください。

問32

名刺交換（その1）

私、こういう者です。
ふつつか者ですが、よろしくどうぞ。

答32 私、樋口はるかと申します。若輩でございますが、よろしくお願い申し上げます。

①《マナー》**「こういう者です」**↓**「樋口はるかと申します」**

名乗らずに名刺を渡すのは、失礼です。初対面の人に対して名乗るときには「申します」という謙譲語を使います。

②《知識》**「ふつつか者ですが」**↓**「若輩でございますが」**

「ふつつか者」という表現では、嫁入りの際のあいさつのようです。「若輩」は、未熟で経験の浅いことを表すときに使います。

③《マナー》**「よろしくどうぞ」**↓**「よろしくお願い申し上げます」**

「よろしくお願いします」↓「よろしくお願いいたします」↓「よろしくお願い申し上げます」の順に丁寧になります。相手や、相手との関係に応じて使い分けます。

正解数　／3

問33 名刺交換（その2）

はじめまして。樋口でございます。
年齢でございますか？
弱冠26歳です。

答33 はじめてお目にかかります。樋口はるかと申します。年齢でございますか？　26歳でございます。

①**《マナー》「はじめまして」↓「はじめてお目にかかります」**

「はじめてお目にかかります」というあいさつをすると、相手に折り目正しさが伝わり、鮮やかに印象が残るでしょう。

②**《マナー》「樋口でございます」↓「樋口はるかと申します」**

初対面の人に対しては「申します」とあいさつをします。「樋口でございます」というあいさつよりも「申します」とあいさつをしたほうが謙虚な印象を与えます。二回目以降は「樋口でございます」とあいさつをします。なお、フルネームであいさつをすると、相手の印象に残りやすくなります。

③**《知識》「弱冠26歳です」↓「26歳でございます」**

「弱冠」は、本来20歳の男性のことを指します。使う範囲が広がってきて20歳前後の男性に対して使うことはありますが、女性には弱冠は使いません。

正解数　／3

問34

名刺交換（その3）

去年から渉外をさせていただいております。
どうぞよろしくお願い申し上げます。

答34

昨年から渉外を担当しております。なにとぞよろしくお願い申し上げます。

①**《マナー》「去年」→「昨年」**

改まり語の「昨年」を使います。

②**《敬語》「させていただいております」→「担当しております」**

「させていただく」の流行で、どのような場面でも「させていただく」を使う人が増えてきました。「させていただく」は、本来、相手の許可を得る必要があるときなどに使う言葉で、平成18年10月の文化審議会国語分科会敬語小委員会の配布資料では「自分側が行うことをア)相手側又は第三者の許可を受けて行い、イ)そのことで恩恵を受けるという事実や気持ちのある場合に使われる」と説明しています。また、許可を与える人を高めますから、この例文のような使い方をすると、社外の人の前で許可を与える人（ここでは上司）を高めた印象を与えます。

③**《マナー》「どうぞ」→「なにとぞ」**

初対面の、社会的距離のある人に対しては、「なにとぞ」と表現すると、謙虚さや真剣さが伝わります。

正解数	／3

問35

名刺交換（その4）

うっかり名刺を忘れてきてしまいまして、後日郵送させてもらいます。

答35 あいにく名刺を切らしておりまして、後日郵送させていただきます。

①《マナー》**「うっかり」→「あいにく」**

一度口から出た言葉は元に戻すことができません。相手の心の中に「うっかり者」というイメージが定着してしまいます。

②《マナー》**「忘れてきてしまいまして」→「切らしておりまして」**

誰にもうっかりすることがあります。慌《あわただ》しく出てきて名刺入れを忘れてしまうこともあるでしょう。ただ、それを正直に相手に伝えたら相手はどのように感じるでしょうか? 大切に思われていない、誠意がない、仕事に臨む姿勢が甘いと感じる人もいます。このような場面では「名刺を切らしておりまして」という常套句を使います。

③《敬語》**「郵送させてもらいます」→「郵送させていただきます」**

「させていただく」の出番です。先の文化審議会国語分科会敬語小委員会の説明（84ページ）に当てはまる使い方です。お詫びと名刺をいただいたお礼を書いた手紙を同封して、名誉挽回します。

正解数 ／3

問36 名刺交換（その5）

桜井さまのおうわさは
かねがね内田からうかがっておりました。
お目にかかれてよかったです。

答36 桜井さまのお話はかねがね内田から聞いておりました。お目にかかれて光栄に存じます。

① 《マナー》**「おうわさ」→「お話」**

「うわさ」という言葉には、悪いイメージもありますので、「お話」としておいたほうがよいでしょう。

② 《敬語》**「うかがっておりました」→「聞いておりました」**

「内田からうかがっておりました」と表現すると、自分の上司である内田をお客さまの前で高めてしまうことになります。「うかがう」は、聞く人を低め、聞く先を高める働きがあるからです。

③ 《マナー》**「よかったです」→「光栄に存じます」**

「よかったです」では、小学生の会話のようです。「光栄に存じます」「光栄でございます」という表現をいつでも使えるようにしておきましょう。

正解数	／3

問37 お客さまと上司の紹介（その1）

桜井さま、紹介します。山口次長、内田支店長でございます。

答37 桜井さま、ご紹介いたします。支店長の内田、次長の山口でございます。

①《敬語》**「紹介します」↓「ご紹介いたします」**

「ご～いたします」という謙譲語を使い、お客さまに対する敬意をしっかりと伝えます。

②《マナー》**「山口次長」↓「支店長の内田」、「内田支店長」↓「次長の山口」**

この例文では、紹介する順番が間違っています。お客さまに対して、社内の人を紹介する場合には、役職の高い人から順番に紹介します。

③《マナー》**「内田支店長」↓「支店長の内田」、「山口次長」↓「次長の山口」**

役職名を伝える必要のあるときは、「内田支店長」ではなく、「支店長の内田」と伝えます。同様に「次長の山口」です。

正解数
／3

問38 お客さまと上司の紹介（その2）

（内田支店長に向かって）こちらが桜井さまでございます。

桜井さまは、市内で事業とかをしております。

答38 （内田支店長に向かって）こちらが桜井さまでいらっしゃいます。桜井さまは、市内で事業をしていらっしゃいます。

①**《敬語》「ございます」→「いらっしゃいます」**

「ございます」は聞き手に対して丁寧に述べるときに使う丁寧語ですから、このような場面で、このような使い方をすると、社内の人に敬意を払っているように聞こえてしまいます。

②**《マナー》「事業とか」→「事業」**

不要な場面で「とか」を使って話す話し方は「**とか弁**」とも呼ばれています。

③**《敬語》「しております」→「していらっしゃいます」**

「おります」は謙譲語ですから、この例文のような使い方をするのは誤りです。お客さまに対して、失礼な言い方です。

正解数	／3

問39 お客さまを上司に取り次ぐ（その1）

桜井さま、内田を呼んでまいりますので、どうぞ、ここにお座りしてください。おコートをお預かりいたします。

答39 桜井さま、内田を呼んでまいりますので、どうぞ、こちらにおかけください。お召し物をお預かりいたします。

①《マナー》**「ここ」→「こちら」**

改まり語の「こちら」を使います。

②《敬語》**「お座りしてください」→「おかけください」**

「お〜して」は、謙譲語です（20ページ）。この例文のような使い方をすると、座る人を低め、イスを高めることになります。お客さまに「オスワリシテ」は失礼です。「こちらにお座りしてください」と言われた男性が、「僕は犬じゃないんだ！」と怒っているのを目にしたことがあります。

③《マナー》**「おコート」→「お召し物」**

外来語には、「お／ご」はつきにくいとされています。「お召し物」と表現すれば、上品な印象を与えることができます。「お召し物」は、着る人を敬って、その人の着ている物を言うときに使います。

正解数　　／3

問40

お客さまを上司に取り次ぐ（その2）

内田がごあいさつに見えますので、
もう少しお待ちになられてください。

答40 内田がごあいさつにまいりますので、いましばらくお待ちくださいませ。

① **《敬語》「見えます」→「まいります」**

「見える」は、「来る」の尊敬語です。例文のような使い方をすると、お客さまの前で、社内の人を高めることになってしまいます。「まいる」という謙譲語を使います。

② **《マナー》「もう少し」→「いましばらく」**

「いましばらく」という**改まり語**を使います。

③ **《敬語》「お待ちになられてください」→「お待ちくださいませ」**

「お~になられる」は、「お~になる」という尊敬語に「れる」という尊敬語をつけた**二重敬語**です。「お待ちください」として、「ませ」を使い、やわらかく表現してもよいでしょう。

正解数　／3

問41 お客さまを上司に取り次ぐ（その3）

桜井さま、お茶とおコーヒー、
どちらがいいでしょうか？
それでは、お茶を持ってきます。

答41 桜井さま、お茶とコーヒー、どちらがよろしいでしょうか？　それでは、お茶をお持ちいたします。

①《マナー》**「おコーヒー」**↓**「コーヒー」**
「コーヒー」には、「お」はつけません。

②《マナー》**「いいでしょうか？」**↓**「よろしいでしょうか？」**
敬語をレベルアップします。

③《敬語》**「持ってきます」**↓**「お持ちいたします」**
お客さまに対しては「お～いたします」というレベルの、敬意の高い表現をします。

正解数　／3

問42 お客さまを上司に取り次ぐ（その4）

次長、桜井さまが来ました。第一応接室に通しましたので、第一応接室に行かれてください。

答42 次長、桜井さまがいらっしゃいました。第一応接室にお通ししましたので、第一応接室にいらっしゃってください。

① 《敬語》**「来ました」→「いらっしゃいました」**

その場にお客さまがいなくても、お客さまの行為は尊敬語を使って表現します。その姿勢は、自然にお客さまに伝わるものです。

② 《敬語》**「通しました」→「お通ししました」**

自分を低め、お客さまを高める謙譲語を使って話します。

③ 《マナー》**「行かれてください」→「いらっしゃってください」**

「行かれる」は、「行く」に「れる」という尊敬語をつけた表現ですので、誤りではありませんが、敬意が低いことを覚えておきましょう。また、「イカレル」を想像させるので、この表現を好まない人もいます。

正解数　／3

問43 お客さまを上司に取り次ぐ（その5）

次長、お客さまが見えています。

（どんな人？　と聞かれて）

年をとった、太った男の人です。

答43 次長、お客さまが見えています。(どんな人？　と聞かれて)お年を召した、恰幅《かっぷく》のいい男性です。

①《敬語》**「年をとった」→「お年を召した」**

「年をとる」を尊敬語で表現すると「お年を召す」になります。年長者を敬うこのような表現は、誰の耳にもやさしく響きます。

②《マナー》**「太った」→「恰幅のいい」**

お客さまに限らず、人の体型を口にするのは、控えたいものですが、どうしても表現する必要のあるときには、よいイメージの言葉で表現します。

③《マナー》**「男の人」→「男性」**

「男の人」は普段着の言葉です。「男性」と表現すれば、改まった言い方になります。

正解数　／3

問44 お客さまを上司に取り次ぐ（その6）

次長、桜井という人が次長にお会いになりたいと申しております。

答44　次長、桜井さまとおっしゃる方が次長にお会いになりたいとおっしゃっています。

①**《マナー》「桜井」→「桜井さま」**

どのようなときでも、お客さまを呼び捨てにしてはいけません。

②**《敬語》「という人」→「とおっしゃる方」**

お客さまがその場にいなくても、「おっしゃる」という尊敬語を使いましょう。

③**《敬語》「申しております」→「おっしゃっています」**

「申しております」と表現すると、お客さまを低めてしまうことになります。「言う」というお客さまの行為を尊敬語の「おっしゃる」を使って表現します。なお、この例文のような場面では、「お会いになりたいとのことです」と表現してもよいのです。

正解数　／3

問45

お客さまとの直接の対話（その1）

こちらについてご説明して差し上げます。
ご指定日に自動的に引き落とされますので、
無理なくお積み立てできます。
どうされますか？

答45 こちらについてご説明いたします。ご指定日に自動的に引き落とされますので、無理なくお積み立ていただけます。いかがなさいますか？

①**《マナー》「ご説明して差し上げます」→「ご説明いたします」**
「～て差し上げる」は、恩着せがましい表現ですので、注意が必要です。職場によっては、この「～て差し上げる」の使用を禁止しているところもあるほどです。

②**《敬語》「お積み立てできます」→「お積み立ていただけます」**
「お積み立てできます」という表現は、窓口でも耳にしますし、また、パンフレットやホームページでも見受けますが、**間違い敬語**です。「お～できる」は、謙譲語の「お～する」の可能形です。

③**《マナー》「どうされますか？」→「いかがなさいますか？」**
「いかが」という**改まり語**を使います。

正解数　／3

問46

お客さまとの直接の対話（その2）

毎月一万円からのお積み立てでよろしかったでしょうか？
それでは早速手続きを取らさせていただきます。

答46 毎月一万円のお積み立てでよろしいでしょうか？　それでは早速手続きを取らせていただきます。

①《マナー》「一万円から」→「一万円」

「一万円から」と言われても意味がわかりません。

②《敬語》「よろしかったでしょうか？」→「よろしいでしょうか？」

「よろしかったでしょうか？」は、いわゆる「ファミ・コン言葉」（ファミリーレストランやコンビニエンスストアで使われ、広まった独特の言い回し）のひとつです。初めて相手の意向を確認するときには「よろしいでしょうか？」と確認します。

③《敬語》「取らさせていただきます」→「取らせていただきます」

「させていただきます」の流行で、どんな動詞にも「させていただきます」をつける人が増えてきました。本来、五段活用の動詞には、「せていただきます」がつきますので、この不要な「さ」が入った表現を「さ入れ言葉」とも呼びます。

正解数　／3

問47 お客さまとの直接の対話（その3）

このパンフレットをご覧になられたのですね？

はい、存じていらっしゃるとおり、

（問48につづく）

答47 こちらのパンフレットをご覧いただいたのですね？　はい、ご存じのとおり、

①《マナー》**「この」↓「こちらの」**

改まり語を使います。

②《敬語》**「ご覧になられたのですね？」↓「ご覧いただいたのですね？」**

「ご覧になられた」は、**二重敬語**と呼ばれるものです。「ご覧になる」で、十分な敬意があるのに、さらに、尊敬語の「れる」をつけ加えたものです。

③《敬語》**「存じていらっしゃるとおり」↓「ご存じのとおり」**

「存じる」は、謙譲語で、自分側につけて使う言葉です。尊敬語の「いらっしゃる」を下につけても尊敬語にはなりません。

正解数　／3

問48

お客さまとの直接の対話（その4）

ＡＴＭをご利用されると、手数料がお安くなります。お教えしますので、一度、使われてみませんか？

答48　ＡＴＭをご利用いただくと、手数料がお安くなります。ご案内いたしますので、一度、お使いになりませんか？

①《敬語》**「ご利用されると」**↓**「ご利用いただくと」**

「ご～される」は、**間違い敬語**とされているものです（50ページ）。言葉に対して意識の高いお客さまは、この表現が間違い敬語であることを知っています。間違い敬語が会話の中に入ると、お客さまの理解が一瞬止まり、コミュニケーションが遮断されてしまいます。

②《マナー》**「お教えします」**↓**「ご案内いたします」**

お客さまに対して「教える」という言葉を使うのは、避けます。

③《マナー》**「使われてみませんか？」**↓**「お使いになりませんか？」**

「使われる」は、受身形とも紛《まぎ》らわしく、語感もよくありません。語感の美しい言葉を選ぶという意識も必要でしょう。

正解数　／3

問49

お客さまとの直接の対話（その5）

受験資金にお使いになられるのですね？
受かられるといいですね。
桜井さまも、風邪を引かないように。

答49 受験資金にお使いになるのですね？　合格をお祈りしております。桜井さまも、お風邪を召しませんように。

①《敬語》**「お使いになられる」→「お使いになる」**

「お〜になる」に、さらに尊敬語の「れる」をつけた**二重敬語**です。

②《マナー》**「受かられるといいですね」→「合格をお祈りしております」**

「受かられる」は、不自然な表現です。また、お客さまの立場になり、耳から入って、すぐに理解できる言葉を選ぶ配慮も大切です。ひとつひとつの言葉を慎重に選び、心をこめて伝えたいものです。

③《敬語》**「風邪を引かないように」→「お風邪を召しませんように」**

「召す」は、便利な尊敬語で、「(服を)着る」「(風邪を)引く」の尊敬語としても使うことができます。美しい表現ですので、言葉の引き出しに入れておきましょう。

正解数　／3

問50

お客さまとの直接の対話（その6）

（カードが使えないと言われて）そうでございますか。
何回か試されたんですね？
それでは、カードを預からさせてください。

答50 さようでございますか。何回かお試しになったのですね？　それでは、カードをお預かりしてもよろしいでしょうか？

①《マナー》**「そうでございますか」→「さようでございますか」**

「そう」は普段着の言葉ですので、「ございます」とのバランスがよくありません。

②《敬語》**「試されたんですね？」→「お試しになったのですね？」**

「試される」は、「試す」に尊敬語の「れる」をつけた言い方ですが、敬意が低く、受身形とも紛らわしいのが難点です。「お～になる」を使えば、敬意がしっかりと伝わります。

③《敬語》**「預からさせてください」→「お預かりしてもよろしいでしょうか？」**

「預からさせて」は、不要な「さ」が入った**「さ入れ言葉」**です（108ページ）。また、このような場面では、命令形の「ください」を使うよりも、お客さまの意向を確認する「よろしいでしょうか？」を使うと、お客さまを尊重する姿勢が伝わります。

正解数　／3

問51 お客さまとの直接の対話（その7）

桜井さま、こちらのカードの暗証番号をお間違えになられましたでしょうか？

これで、カードをご利用できます。

（お礼を言われて）とんでもございません。

答51 桜井さま、こちらのカードの暗証番号をお間違えになりましたでしょうか？　これで、カードをご利用いただけます。（お礼を言われて）お手数をおかけいたしました。

① **《敬語》「お間違えになられました」→「お間違えになりました」**

これも二重敬語（114ページ）です。

② **《敬語》「ご利用できます」→「ご利用いただけます」**

「ご〜できる」は、謙譲語「ご〜する」の可能形ですので、お客さまの行為に使うのは誤りです（30ページ）。

③ **《知識》「とんでもございません」→「お手数をおかけいたしました」**

「とんでもございません」も、**間違い敬語**とされています。「とんでもない」でひとつの単語ですので、「ない」の部分だけを「ございません」と表現するのは、本来、間違いとされています。また、「とんでもございません」は、相手の言葉を強く否定するニュアンスがありますので、そのときの状況に応じて、「お待たせして申し訳ございませんでした」「こちらこそ、ご迷惑をおかけいたしました」など、お客さまに心地よく響く表現を工夫しましょう。

正解数
／3

問52 お客さまとの直接の対話（その8）

投資信託をご購入されたことはございますか？

（説明を終えて）おわかりになりましたでしょうか？

答52 投資信託をご購入なさったことはおありでしょうか？（説明を終えて）説明不足の点はございましたでしょうか？

①《敬語》**「ご購入された」→「ご購入なさった」**

「ご～される」は**間違い敬語**のひとつとされています（50ページ）。

②《敬語》**「ございますか？」→「おありでしょうか？」**

「ございます」も丁寧ですが、購入するのはお客さまですので、お客さまの「ある」という行為に尊敬語を使い「おありでしょうか？」と尋ねたほうが敬意がストレートに伝わります。

③《マナー》**「おわかりになりましたでしょうか？」→「説明不足の点はございましたでしょうか？」**

お客さまに対して、「おわかりになりましたか？」「ご理解いただけましたか？」と尋ねると、お客さまは自分の能力を問われたような気持ちになります。謙虚な姿勢で、説明不足の点があったかどうかを尋ねたほうが好感度も高くなります。

正解数 ／3

問53

お客さまとの直接の対話（その9）

おわかりにくい点がございましたら、いつでもご連絡してください。ご主人さまにもよろしく申し上げてください。

答53 説明不足の点がございましたら、いつでもご連絡ください。ご主人さまにもよろしくお伝えください。

①**《敬語》「おわかりにくい」→「説明不足の」**

「おわかりにくい」も**間違い敬語**のひとつとされています。正しくは「おわかりになりにくい」ですが、ここでも謙虚さの伝わる表現にします。

②**《敬語》「ご連絡してください」→「ご連絡ください」**

この場面で「ご連絡してください」と表現すると、お客さまを低め、自分を高めることになります。お客さまに対して「ご～してください」と表現するのは、大変失礼です。

③**《敬語》「申し上げてください」→「お伝えください」**

「申し上げてください」の「申し上げる」は、「言う」人を低めます。この例文の使い方だとお客さまのご主人を高めることにはなりますが、お客さまを低めてしまうことになります。

正解数 ／3

問54 お客さまとの直接の対話（その10）

もうちょっとで、新しいパンフレットができますので、完成しだいお送りいたします。

拝読していただきましたところ、ご連絡いたします。

答54 まもなく、新しいパンフレットができますので、完成ししだいお送りいたします。ご覧いただきましたころ、ご連絡いたします。

①《マナー》**「もうちょっとで」→「まもなく」**

改まり語を使います。

②《知識》**「完成しだい」→「完成ししだい」**

「～しだい」は、「そのことが終わるとすぐ」という意味で使う場合は、動詞の連用形につきますので、「完成ししだい」と言います。なお「終了しだい」「到着しだい」「完了しだい」も、正しくは、「終了ししだい」「到着ししだい」「完了ししだい」と言います。「し」が重なるため発音しにくいのですが、正しい言い方を覚えておきましょう。また、文書は後々まで残りますから、文書でこの表現を使う場合には、「し」を省略しないように、とくに気をつけてください。

③《敬語》**「拝読して」→「ご覧」**

「拝読する」は謙譲語ですから、尊敬語で話すべき相手の「読む」という行為には使えません。「ご覧」という尊敬語を使います。

正解数　／3

問55 お客さまとの直接の対話（その11）

ここに日付をよろしいですか？
記入くださりありがとうございます。

答55 こちらに日付をお書き願えますでしょうか？　ご記入いただきありがとうございます。

①《マナー》**「ここに」→「こちらに」**

改まり語を使って話します。

②《マナー》**「日付をよろしいですか？」→「日付をお書き願えますでしょうか？」**

「よろしいですか？」の元の語は、「いいですか？」です。「日付をいいですか？」がおかしな表現であるように、「日付をよろしいですか？」も舌足らずな表現です。スピードが求められる職場では、言葉を省略しがちですが、適切な言葉を使い、お客さまの信頼を得ていきましょう。

③《敬語》**「記入くださり」→「ご記入いただき」**

「記入くださり」は、「ご記入くださり」か、「記入してくださり」とすると正しい言い方になります。なお、こちらからお願いして、相手に何かをしてもらったときには、「ご～いただき、ありがとうございます」と表現したほうが、相手に与える印象がよいでしょう。

正解数	／3

問56 お客さまとの直接の対話（その12）

二枚目にもご印鑑の捺印をお願いできますか？
ふき取り用の紙は大丈夫ですか？
手続きが完了いたしましたので、こちらの用紙を先方さまにお送りしてください。

答56 二枚目にもご捺印をお願いできますか? よろしければ、こちらのふき取り用の紙をお使いください。手続きが完了いたしましたので、こちらの用紙を先方さまにお送りください。

①《知識》**「ご印鑑の捺印」→「ご捺印」**

「捺印」は、「印鑑を押すこと」ですので、「印鑑の捺印」は**重複表現**です。

②《マナー》**「ふき取り用の紙は大丈夫ですか?」→「よろしければ、こちらのふき取り用の紙をお使いください」**

「大丈夫ですか?」という言葉を「いりませんか?」「必要ありませんか?」という意味で使う人が増えてきました。ファミリーレストランで、「コーヒーのおかわりは大丈夫ですか?」という表現を耳にした人も多いことと思います。

③《敬語》**「お送りしてください」→「お送りください」**

「お送りしてください」は、送る人を低め、送る先を高めますので、お客さまの行為を低めてしまうことになります。誰を高めるために、その敬語を使うのかということを意識する必要があります。

正解数 ／3

問57 お客さまとの直接の対話（その13）

ただいま、担当の方をお呼びしてきますので、直接うかがってください。

答57 ただいま、担当の者を呼んでまいりますので、直接お尋ねください。

① **《敬語》「担当の方」→「担当の者」**
「方」は「人」を敬って言うときに使います。したがって、社内の人を「担当の方」と表現するのは誤りです（70ページ）。

② **《敬語》「お呼びしてきます」→「呼んでまいります」**
「お呼びしてきます」と「お〜します」の表現をすると、呼ぶ先＝社内の担当者を高めることになります。お客さまに敬意を払うためには、「まいります」という謙譲語を使います。

③ **《敬語》「うかがってください」→「お尋ねください」**
「うかがう」は、聞く人を低め、聞く先を高めますから、この例文の使い方だと、お客さまを低め、社内の担当者を高めることになってしまいます。「うかがう」を丁寧語だと勘違いしている人が増えて、この例文のような使い方をする人が増えていますが、大変失礼な誤りであることを覚えておきましょう。

正解数　／3

問58

お客さまとの直接の対話（その14）

こちらから5分ほどのところが○○銀行でいらっしゃいますので、そちらからお振込みになられるとお手数料が微妙にお安くなります。

答58 こちらから5分ほどのところが○○銀行でございますので、そちらからお振込みになるとお手数料が○○円ほどお安くなります。

① 《敬語》**「でいらっしゃいますので」→「でございますので」**

この例文のように他社の建物の位置を説明する場合、尊敬語の「いらっしゃる」を使うのは適切ではありません。また、自分と直接関係のない人やものに尊敬語を使われても、お客さまは違和感を覚えるだけです。丁寧語の「ございます」を使い、お客さまへの丁寧な気持ちを表現します。

② 《敬語》**「お振込みになられると」→「お振込みになると」**

「お〜になられる」は**二重敬語**です（96ページ）。

③ 《マナー》**「微妙に」→「○○円ほど」**

実際に安くなる金額がわかる場合は、その金額を伝えると親切な対応になります。お客さま自身が、歩く手間と安くなる金額を秤にかけることができるからです。

正解数　／3

問59

お客さまとの直接の対話（その15）

○○銀行は、大通りをまっすぐお行きになられて、右側にあるファミレスの隣でございます。
歩道を工事中で、段差がございますので、どうぞ、お気をつけて。

答59 ○○銀行は、大通りをまっすぐいらっしゃって、右側にあるファミリーレストランの隣でございます。歩道を工事中で、段差がございますので、どうぞ、お気をつけくださいませ。

① 《敬語》**「お行きになられて」**→**「いらっしゃって」**

「お行きになられて」は、**二重敬語**です。「いらっしゃる」という尊敬語を使い、スマートに表現しましょう。

② 《マナー》**「ファミレス」**→**「ファミリーレストラン」**

名称を短縮してお客さまに伝えるのは控えましょう。ことに高齢の方にはわかりにくいので要注意です。「コンビニ」「マック」「マクド」「ミスド」「スタバ」なども正式名称で伝えたいものです。

③ 《マナー》**「お気をつけて」**→**「お気をつけくださいませ」**

「お気をつけて」は、よく使われるあいさつの言葉ですが、このままでは正しい敬語ではないとされています。「お気をつけになってください」「お気をつけください」とすれば正しい言い方になります。

正解数　／3

問60 お客さまとの直接の対話（その16）

暑い中、わざわざご苦労さまです。
内田は、昼食にお出かけですが、
いかがいたしましょうか？

答60 お暑い中、お越しいただきありがとうございます。内田は、あいにく席をはずしておりますが、いかがいたしましょうか?

①《マナー》**「暑い中」**↓**「お暑い中」**
「お」をつけるだけで丁寧な印象になります。

②《マナー》**「わざわざご苦労さまです」**↓**「お越しいただきありがとうございます」**
「わざわざ」には、「しなくてもよいことをことさらするさま」(大辞泉)という意味もありますから、お客さまの心証を害してしまうおそれがあります。なお「ご苦労さま」は、目上から目下へかける言葉とされています。「ありがとうございます」と心をこめて言えば、よいのです。

③《マナー》**「昼食にお出かけです」**↓**「あいにく席をはずしております」**
「あいにく」という言葉で、申し訳ないと思っているというこちらの気持ちを表現します。また、お客さまに対して具体的な行き先を告げる必要はありません。

正解数	/3

問61

お客さまとの直接の対話（その17）

昔から一度桜井さまにお会いしたいと言われていました。
本日は、どうぞごゆっくりしてください。

答61 以前から一度桜井さまにお会いしたいと申しておりました。本日は、どうぞごゆっくりなさってください。

① 《知識》**「昔から」**→**「以前から」**

数年前のことも「昔」と表現する人がいますが、ビジネスシーンでは「以前から」という**改まり語**を使います。

② 《敬語》**「言われていました」**→**「申しておりました」**

「言われる」は、「言う」に尊敬語の「れる」をつけたものです。お客さまに対して話すときに、社内の人の行為に尊敬語を使って話してはいけません。

③ 《マナー》**「ごゆっくりしてください」**→**「ごゆっくりなさってください」**

「なさる」は、敬意も高く、美しい敬語ですので、積極的に使いましょう。

正解数 ／3

問62 お客さまとの直接の対話（その18）

（雨の中来店したお客さまに対して）寒いですね。

雨模様の中、ご来店していただきありがとうございます。

答62 （雨の中来店したお客さまに対して）お寒うございますね。お足元の悪い中、ご来店いただきありがとうございます。

①**《マナー》「寒いですね」→「お寒うございますね」**

季節のあいさつ言葉として、「お暑うございます」「お寒うございます」という表現を覚えておきましょう。

②**《知識》「雨模様の中」→「お足元の悪い中」**

すでに雨が降っている場合には、厳密には「雨模様」とは言いません。「雨模様」とは、雨が降りそうな空の様子を指します。

③**《敬語》「ご来店していただき」→「ご来店いただき」**

「ご〜して」は謙譲語です。「ご来店していただき」とすると、お客さまを低め自分の職場を高めてしまうことになります。間違い表現であるにもかかわらず、この「ご来店していただき」はよく耳にします。

正解数　／3

問63

お客さまとの直接の対話（その19）

わりかし晴天の日が少ないですね。

奥さまがご骨折されたそうですが……。

答63 比較的晴天の日が少のうございますね。奥さまが骨折なさったそうですが……。

① **《マナー》「わりかし」→「比較的」**

「わりかし」は普段着の言葉です。「比較的」という**改まり語**を使います。

② **《敬語》「少ないですね」→「少のうございますね」**

年配の話し方の丁寧なお客さまに対しては、世間話のときも丁寧な言葉を使うように心がけましょう。お客さまが求める言葉の丁寧さからはずれたとき、お客さまは違和感を覚えます。このような伝統的な表現も使えるようにしておくとよいでしょう。

③ **《敬語》「ご骨折された」→「骨折なさった」**

「ご〜された」は、規範的には**間違い敬語**とされています（50ページ）。「ご〜する」という謙譲語に、尊敬語の「れる」をつけたものと考えられています。「骨折された」「骨折なさった」と表現すれば問題がありません。

正解数　／3

問64 お客さまとの直接の対話（その20）

桜井さま、一度、ぜひ、うちの内田にお目にかかっていただきたいと思います。

週末の都合のほうはいかがでしょうか？

答64 桜井さま、一度、ぜひ、内田がお目にかかりたいと申しております。今週の金曜のご都合はいかがでしょうか?

① **《敬語》「うちの内田にお目にかかっていただきたいと思います」→「内田がお目にかかりたいと申しております」**

「お目にかかる」は、謙譲語ですから、お客さまの行為には使えません。例文のような使い方は、お客さまを低め、社内の人を高めてしまうことになり、大変失礼です。「私どもの内田が桜井さまにお目にかかりたいと申しております」というお客さまを立てる表現をすれば、お客さまに心地よく響くことでしょう。

② **《マナー》「週末の」→「今週の金曜の」**

「週末」のとらえ方は人それぞれです。曜日や日にちを指定したほうが行き違いを避けられます。

③ **《敬語》「都合のほう」→「ご都合」**

お客さまの都合ですから尊敬語の「ご」をつけ、敬意をしっかりと伝えます。また、この場面での「ほう」は不要なので省きます。

正解数 ／3

問65 お客さまとの直接の対話（その21）

桜井さま、パソコンはおできになりますか？
当店のインターネットバンキングをご活用できると、
結構特典がございます。

答65

桜井さま、パソコンはお使いになりますか？　当店のインターネットバンキングをご活用いただくと、このような特典がございます。

①**《マナー》「おできになりますか？」→「お使いになりますか？」**

お客さまの能力を問うような質問の仕方は失礼です。さらりと尋ねます。

②**《敬語》「ご活用できると」→「ご活用いただくと」**

「ご～できる」は、「ご～する」の可能形ですから、お客さまの行為に使うのは誤りです（118ページ）。

③**《知識》「結構」→「このような」**

「結構」には、「十分とはいえないが一応は」（日本語大辞典）という意味もあります。「結構特典がある」と勧められても戸惑うお客さまも多いでしょう。一歩を踏み出してもらうためには、具体的な特典を明示することが必要です。この「結構」が単なる口癖になっている人もいますので、一度、自分の言葉の引き出しを点検してみましょう。

正解数　／3

問66 お客さまとの直接の対話（その22）

桜井さまはテニスもおやりになるのですか？
はい、内田からお聞きしました。
スポーツマン系でいらっしゃるのですね。

答66 桜井さまはテニスもなさるのですか？　はい、内田から聞いておりますす。スポーツマンでいらっしゃるのですね。

①《敬語》**「おやりになる」→「なさる」**

とくに男性が「おやりになる」という表現をするのをしばしば耳にしますが、せっかく「なさる」という品のよい尊敬語があるのですから、使いこなしたいものです。

②《敬語》**「お聞きしました」→「聞いております」**

「お聞きしました」とすると、上司を高めることになります。お客さまに敬意を払う「おります」という謙譲語を使います。

③《マナー》**「スポーツマン系」→「スポーツマン」**

「～系」という言葉が流行していますが、あえて「系」をつける必要のない場合も多いのです。

正解数　／3

問67

お客さまとの直接の対話（その23）

私ではわかりませんので、
あっちの窓口でご用件をおっしゃられてください。

答67 私ではわかりかねますので、あちらの窓口でご用件をおっしゃってください。

①《知識》**「わかりません」→「わかりかねます」**

「～かねる」という表現を覚えておきましょう。「～かねる」は、「～しようとして、できない。～することがむずかしい」（大辞泉）という意味です。「わかりかねます」と表現すると「わからない」ということを、婉曲に伝えることができます。

②《マナー》**「あっち」→「あちら」**

改まり語の「あちら」を使います。

③《敬語》**「おっしゃられてください」→「おっしゃってください」**

「おっしゃられる」もよく耳にしますが、「おっしゃる」という尊敬語にさらに「れる」をつけた**二重敬語**です。ひとつの単語を二重に敬語化しても、敬意が高まるというものではありません。

正解数　／3

問68 お客さまとの直接の対話（その24）

何度も言っているように、印鑑を持って来られないと、ご通帳はお作りできないんです。

答68 申し訳ございませんが、印鑑をお持ちにならないと、ご通帳はお作りできかねます。

①《マナー》**「何度も言っているように」**↓**「申し訳ございませんが」**

銀行の窓口などで、このような押し問答を耳にすることがありますが、このような言い方では、お客さまの気持ちをさらにかたくなにしてしまいます。

②《敬語》**「持って来られない」**↓**「お持ちにならない」**

「お～になる」という敬意の高い尊敬語を使います。「来られない」では、敬語を使われているのかどうかお客さまもわからないでしょう。

③《マナー》**「できないんです」**↓**「できかねます」**

「～んです」という表現を職場によっては、禁止しています。このような場面では、「できかねます」という言葉を使いますが、普段から、できるだけ「～んです」という表現を減らしていくとよいでしょう。

正解数　／3

問69

お客さまとの直接の対話（その25）

ですから、ご規則でございますので、
おわかりになりませんか？

答69 お役に立てず、大変申し訳ございませんが、規則でございますので、ご了承いただけませんか?

① **《マナー》「ですから」→「お役に立てず、大変申し訳ございませんが」**

「ですから」でお客さまの言葉を引き継ぐと「これだけ言ってもまだわからないの?」というニュアンスを感じさせてしまいます。お客さまに限らず、人の話を引き継ぐときには「だから」「ですから」という表現を控えるようにしましょう。

② **《敬語》「ご規則」→「規則」**

自分側の規則に「ご」はつけません。

③ **《マナー》「おわかりになりませんか?」→「ご了承いただけませんか?」**

このような場面では、口調もきつくなりがちです。実際に「これがお客さまに対する応対か……」と思うような場面に居合わせることがありますが、自己防衛本能が働いてしまうのでしょう。お客さまの意にそえないときこそ、やわらかい口調で話したいものです。

正解数 ／3

問70 お客さまを訪問する（その1）

私、こんど、北海道に転勤させていただくことになりました。役不足でお役に立てなかったと思いますが……。

答70 私、このたび、北海道に転勤することになりました。力不足でお役に立てなかったと思いますが……。

①《マナー》**「こんど」↓「このたび」**

改まり語を使います。

②《敬語》**「転勤させていただく」↓「転勤する」**

場面に不適切な「させていただく」の使用は、「敬語を使い慣れない人」、または、慇懃無礼《いんぎんぶれい》という印象を与えかねません。

③《知識》**「役不足」↓「力不足」**

「役不足」とは、「1俳優などが割り当てられた役に不満を抱くこと。2力量に比べて、役目が不相応に軽いこと。また、そのさま」(大辞泉)です。例文のような場面で「役不足で」と表現すると、「力量に比べて役目が軽すぎてお役に立てませんでした。しかるべき役についていたら、お役に立てましたのに」という意味になってしまいます。

正解数 ／3

問71

お客さまを訪問する（その2）

そう言ってくださるとうれしいです。
次回からは後任の者が来ますので、
よろしくお願いいたします。

答71

そうおっしゃってくださるとうれしゅうございます。次回からは後任の者がうかがいますので、よろしくお願いいたします。

①《敬語》**「そう言ってくださると」→「そうおっしゃってくださると」**

「おっしゃる」という尊敬語を使い、お客さまに対する敬意をしっかり伝えます。

②《マナー》**「うれしいです」→「うれしゅうございます」**

伝統的な表現も言葉の引き出しに入れておきましょう。

③《敬語》**「来ます」→「うかがいます」**

この場面では「うかがいます」という表現を使い、お客さまを高めます。「うかがう」には、訪問先を高める働きがあるからです。「まいります」でも問題はありませんが、「まいる」には、訪問先を高める働きはありませんので、訪問先を高めたいときには「うかがいます」を使います。

正解数　／3

問72

お客さまを訪問する（その3）

つまらない物ですが、どうぞみなさまでお食べください。
冷やすとおいしくいただけるそうです。

答72 気持ちばかりですが、どうぞみなさまで召し上がってください。冷やすとおいしいそうです。

①《マナー》**「つまらない物」→「気持ちばかり」**

「つまらない物」をもらうのは、不快であると言う人が増えてきました。「つまらない物という表現はよくない」と子どもや保護者に指導している学校の先生もいます。この表現の良否は別として、好まない人が増えている以上は、その表現はできるだけ使わないようにするのも、ひとつの知恵です。

②《敬語》**「お食べください」→「召し上がってください」**

「食べる」は元々、謙譲語だったこともあり、言葉の知識が豊富な人は「お食べください」という表現はしません。

③《敬語》**「いただけるそうです」→「おいしいそうです」**

「いただく」を、「食べる」の丁寧語だと勘違いしている人が増えたため、例文のように間違って使われることが多くなりました。「いただく」という謙譲語をお客さまの行為に使うのは誤りです。

正解数　／3

問73

お客さまを訪問する（その4）

すぐに帰りますから、お茶は要りません。（お茶かコーヒー、どちらがよいか尋ねられて）それでは、コーヒーで。

答73 すぐにおいとまいたしますから、どうぞ、お構いなく。（お茶かコーヒー、どちらがよいか尋ねられて）それでは、コーヒーをいただきます。

①《マナー》**「帰ります」→「おいとまいたします」**
「おいとまいたします」は、訪問先から退出する意の謙譲表現です。「帰ります」と言うよりも、「おいとまいたします」「失礼いたします」と言うと、相手に丁寧な印象を与えます。

②《マナー》**「お茶は要りません」→「どうぞ、お構いなく」**
「どうぞ、お構いなく」も、訪問先でのやり取りの常套句です。「お茶は要りません」とストレートに言うよりも、やわらかく相手に伝わります。

③《知識》**「コーヒーで」→「コーヒーをいただきます」**
「コーヒーで」と言い切ってしまうと、傲慢《ごうまん》な印象を与えてしまいます。「お言葉に甘えて」「遠慮なく」などの**クッション言葉**を添えるとより感じが伝わります。

正解数 ／3

問74

お客さまを訪問する（その5）

このたびは、迷惑をおかけし、厚くお詫び申し上げます。こんどからは十分注意いたします。

答74 このたびは、ご迷惑をおかけし、深くお詫び申し上げます。今後は十分注意いたします。

①**《マナー》「迷惑」→「ご迷惑」**
相手にとっての迷惑ですので「ご」をつけます。

②**《知識》「厚く」→「深く」**
「厚く○○申し上げます」の「厚く」は、「相手の厚意・恩恵に対して自分の気持ちが感謝で一杯であるという場合に用いるのが普通」(『言葉に関する問答集』文化庁)とされています。したがって、お詫びの際に「厚く」を使うのは不適当です。インターネットで検索してみると、この「厚くお詫び申し上げます」という表現を、商店のホームページや議会などの議事録でも数多く目にしますので、誤って使われやすい表現のひとつと言えるでしょう。

③**《マナー》「こんどからは」→「今後は」**
お詫びの場面では、意識して**改まり語**を使いましょう。気持ちを、言葉にのせて相手に届けます。

正解数 ／3

問75

お客さまを訪問する（その6）

はい、指摘されたことを心に刻み、汚名挽回できるようにやります。

答75 はい、ご指摘いただいたことを心に刻み、名誉挽回できるようにいたします。

①**《マナー》「指摘された」→「ご指摘いただいた」**

「指摘された」と表現すると、相手に対する敬意を表しているのか、受身の意味を表しているのかがはっきりしません。

②**《知識》「汚名挽回」→「名誉挽回」**

「汚名」は不名誉な評判、悪評のことです。「挽回」は、失ったものを取り返してもとの状態に引き戻すという意味ですので、汚名挽回と表現すると汚名を取り戻すことになってしまいます。汚名挽回は、汚名返上と名誉挽回の混交表現と言われています。また、汚名というマイナスのイメージのある言葉を使うよりも、名誉挽回というプラスの姿勢が伝わる言葉を選んだほうが相手の心証もよいでしょう。

③**《マナー》「やります」→「いたします」**

「やります」は、普段着の言葉です。目上の人やお客さまに対して使うのは控えましょう。

正解数　／3

接客敬語 【敬語コラム】

接客の基本的な言葉を覚えたら、表情、姿勢、態度にも気を配り、お客さまをあたたかく迎えましょう。言い慣れた言葉は、早口になりがちです。日常的に使う言葉こそ、意識して丁寧に発してみましょう。

1　お客様を迎えるとき

いらっしゃいませ
お待ちしておりました

2　用件を聞くとき

ご用件を承ります
どのようなご用件でございましょうか
もう、ご用件を承りましたでしょうか

3　案内するとき

こちらで承ります

4　依頼するとき

恐れ入りますが、お／ご……いただけますでしょうか
大変恐れ入りますが、お／ご……願えますでしょうか
お手数をおかけしますが、お／ご……いただけますでしょうか

5

尋ねるとき

……でございましょうか

……でいらっしゃいますか

……なさいましたでしょうか

6

引き受けるとき

はい、かしこまりました

はい、承ります

はい、承知いたしました

7

待たせたとき

お待たせいたしました

大変お待たせして申し訳ございません

8

待たせるとき

ただいま、承ります

ただいま、うかがいます

少々お待ちいただけますでしょうか

9

断るとき

恐れ入りますが……いたしかねます

お役に立てず心苦しいのですが……いたしかねます

3 上司との会話

仕事をスムーズに進めるためにも、職場での言葉はとても大事です。
言葉の勘違い、していませんか?
問題文にはすべて、適切ではない表現が3箇所あります。
それを指摘してください。

問76

社内にて（その1）

次長、支店長が次長からの連絡を待っておりました。あせっているみたいでした。

答76　次長、支店長が次長からのご連絡をお待ちになっていました。お急ぎのご様子でした。

①《敬語》**「連絡」→「ご連絡」**

「ご」は、尊敬語、謙譲語、美化語として使われますが、ここでの「ご」は、次長への敬意を表す尊敬語です。

②《敬語》**「待っておりました」→「お待ちになっていました」**

「待っておりました」と表現すると、支店長を低めることになってしまいます。「ご連絡」で、次長への敬意を表現し、「お待ちになる」という尊敬語を使って支店長への敬意を表現します。

③《敬語》**「あせっているみたいでした」→「お急ぎのご様子でした」**

「お急ぎ」「ご様子」という尊敬語を使い、支店長を高めます。

正解数　／3

問77 社内にて（その2）

次長、支店長が呼んでいます。
企画書を持って行ってください。
こちらが、企画書になります。

答77 次長、支店長がお呼びです。企画書をお持ちください。こちらが、企画書でございます。

①《敬語》**「呼んでいます」→「お呼びです」**

支店長の行為に尊敬語を使って話します。

②《敬語》**「持って行ってください」→「お持ちください」**

次長の行為に尊敬語を使って話します。

③《敬語》**「企画書になります」→「企画書でございます」**

必要のない場面で、「○○になります」と表現するのも**「ファミ・コン言葉」**と呼ばれています。レストランで「こちらが、日替わり定食になります」「コーヒーになります」などの表現を耳にしたこともあることでしょう。「こちらが日替わり定食でございます」「コーヒーをお持ちいたしました」など、場面にふさわしい表現があるのですから、ワンパターンな表現に頼らず、豊かな表現を心がけたいものです。

正解数　／3

問78

社内にて（その3）

あとで、私の書いた企画書を拝見していただけますか？
ご指導していただけたらと思います。

答78 後ほど、私の書いた企画書をご覧いただけますか？　ご指導いただけたらと思います。

①《マナー》**「あとで」→「後ほど」**
改まり語を使います。

②《敬語》**「拝見して」→「ご覧」**
「拝見する」は見る人を低める謙譲語ですから、尊敬語を使うべき相手の行為には使えません。自分が見るときには「拝見する」、相手が見るときには「ご覧になる」と表現します。

③《敬語》**「ご指導して」→「ご指導」**
「（私を）ご指導してください」「（私を）ご指導していただいたおかげで」などと使われることが多いのですが、「ご～する」という謙譲語を尊敬語として使った**間違い敬語**です（50ページ）。「（私を）ご指導していただく」と表現すると、指導する人＝相手を低め、指導される人＝自分を高めることになってしまいます。「して」を取り払えば正しい表現になります。

正解数　／3

問79

社内にて（その4）

企画書の書式ってあるじゃないですかぁ。
こんな書き方で結構でしょうか？

答79 企画書の書式があると思うのですが、このような書き方でよろしいでしょうか？

①**《マナー》「書式ってあるじゃないですかぁ」→「書式があると思うのですが」**

「じゃないですかぁ」という表現を耳にしない日はないほど、この表現が流行しています。押しつけがましい、なれなれしい印象を与えますので、ビジネスシーンでは避けましょう。

②**《敬語》「こんな」→「このような」**

改まり語を使います。

③**《知識》「結構でしょうか？」→「よろしいでしょうか？」**

「結構」には、いろいろな意味がありますが、「優れて十分なさま」という意味もあります。「これでよろしいでしょうか？」「はい、結構です」という会話は成り立ちますが、「これで結構でしょうか？」とは言いません。

正解数　／3

問80

社内にて（その5）

次長はテニスをやられるのですか？

（「娘に教えてもらったんだよ」と言われて）

娘さんに教えていただいたのですね。

答80 次長はテニスをなさるのですか？（「娘に教えてもらったんだよ」と言われて）お嬢さまが先生だったのですね。

①《マナー》**「やられるのですか？」**↓**「なさるのですか？」**

「やられる」は、男性が使うのをしばしば耳にしますが、「やられる」という言葉で敬意を伝えるのは難しいでしょう。「ヤラレル」という語感も美しくありません（148ページ）。

②《知識》**「娘さん」**↓**「お嬢さま」**

尊敬語を使って話す関係の人の「娘」は、「お嬢さん」「お嬢さま」と表現します。

③《敬語》**「に教えていただいたのですね」**↓**「が先生だったのですね」**

「教えていただく」と表現すると、次長を低め次長のお嬢さんを高めることになります。敬語は、働きをよく知った上で使うことが大切です。

正解数　／3

問81

社内にて（その6）

次長、あしたは、何時ごろ行けれそうですか？

それでは、朝一でうかがうと先方にご連絡いたします。

答81

次長、明日は、何時ごろおいでになれそうですか？　それでは、10時にうかがうと先方にご連絡いたします。

① 《マナー》**「あした」→「明日（みょうにち）」**
職場では、**改まり語**を使います。

② 《敬語》**「行けれそう」→「おいでになれそう」**
「行ける」を「行けれる」、「書ける」を「書けれる」というように、可能動詞に不要な「れ」を入れて表現するのは**「れたす言葉」**とも呼ばれています。

③ 《マナー》**「朝一で」→「10時に」**
「朝一」は、「その日の朝一番最初に行うこと」（大辞林）ですが、「朝一」は、会社によって、8時かもしれませんし、10時かもしれません。時間をきちんと指定し、行き違いを防ぎましょう。

正解数　／3

問82

社内にて（その7）

次長、おととい は、ご迷惑をおかけし、
どうも申し訳ございませんでした。
必ず、雪辱を晴らします。

答82 次長、一昨日は、ご迷惑をおかけし、誠に申し訳ございませんでした。必ず、雪辱を果たします。

①《マナー》**「おととい」→「一昨日」**

改まり語を使います。

②《マナー》**「どうも」→「誠に」**

謝罪の場面では「どうも」は軽すぎます。「誠に」という**改まり語**を使います。企業の謝罪会見などをテレビで目にする機会がありますが「どうもすみませんでした」と、軽い言葉で謝っているのが気になります。どのように心の中で謝罪していても、それを伝える言葉が軽ければ、思いが相手には伝わりません。

③《知識》**「雪辱を晴らします」→「雪辱を果たします」**

「雪辱を晴らす」は重複表現です。「雪辱」で、恥をそそぐ・晴らすという意味です。勝負などに負けて受けた恥を、次に勝つことによってそそぐことを言います。

正解数	／3

問83

社内にて（その8）

具合が悪かったそうですが、その後いかがですか？
お仕事がお重なりになっていたので、
お疲れが出たのでしょうか……。
どうぞ、お大事にしてください。

答83　お加減が悪かったそうですが、その後いかがですか？　お仕事が重なっていたので、お疲れが出たのでしょうか……。どうぞ、お大事になさってください。

①《敬語》**「具合」→「お加減」**

尊敬語の「お」を使い、上司を心配する気持ちを届けます。「お加減」は、やさしい気持ちの伝わる言葉ですので、言葉の引き出しに入れておきましょう。

②《マナー》**「お重なりになって」→「重なって」**

仕事に対して敬語は必要ありません。

③《マナー》**「お大事にしてください」→「お大事になさってください」**

「お～して」を使ったこの表現は適切ではありません。「なさる」を使って、上司に対する敬意と心配りを表現します。体調を崩した人には、やさしい言葉をかけましょう。弱っているときにかけてもらった思いやりのある言葉は、深く印象に残るものです。

正解数　／3

問84 宴会で

（宴会で）もう、酔っ払っちゃってこれ以上飲めません。支店長、私の分も飲まれてください。

答84 もう、十分にいただきましたのでこれ以上いただけません。支店長、私の分も召し上がってください。

① **《マナー》「酔っ払っちゃって」→「十分にいただきましたので」**
宴席では、羽目をはずしがちですが、折り目正しい言葉を使うことによって自制することもできます。周りの人は、意外に冷静に宴席での姿もチェックしているものです。行き届いた気配りをし、明るく、和やかに会話を楽しみながら、節度のある言動をすれば、「社外の宴席にも安心して出せる」という評価も得られるでしょう。

② **《敬語》「飲めません」→「いただけません」**
「いただく」は、「飲む」の謙譲語としても使えます。

③ **《敬語》「飲まれてください」→「召し上がってください」**
「召し上がる」は「飲む」の尊敬語としても使えます。

正解数 ／3

問85

上司にご馳走になったとき（その１）

ご馳走になってしまってよろしいのでしょうか？
いつも、すみません。
なかなかおいしかったです。

答85　ご馳走になってしまってよろしいのでしょうか？　いつも、ありがとうございます。大変おいしゅうございました。

①**《マナー》「すみません」↓「ありがとうございます」**

お礼を言うべき場面では「すみません」ではなく、「ありがとうございます」と気持ちの伝わる素直な表現をしましょう。

②**《知識》「なかなか」↓「大変」**

「なかなか」は、「思っていた以上に、意外に、かなり」という意味ですから、上司の好意に対して失礼です。ご馳走になったときなどには感謝の気持ちがストレートに伝わる言葉を選びます。

③**《マナー》「おいしかったです」↓「おいしゅうございました」**

「おいしくいただきました」でもよいのですが、「おいしゅうございました」のような伝統的な表現を引き出しに入れておくと、社会的距離のある目上の人と食事をしたときなどにも安心です。

正解数　／3

問86

上司にご馳走になったとき（その2）

お金を使わせてしまって申し訳ありません。
リーズナブルな値段で、おいしく頂戴いたしました。
このようなステキなお店をお知りだとは……。

答86　散財をおかけし申し訳ありません。新鮮な食材で、おいしく頂戴いたしました。このようなステキなお店をご存じだとは……。

①**《知識》「お金を使わせてしまって」→「散財をおかけし」**

「散財」は、金銭を使うこと、金銭を無駄に使うことを言います。

②**《マナー》「リーズナブルな値段で」→「新鮮な食材で」**

ご馳走になっておいて「リーズナブル」と表現しては、失礼です。店のよかったところを具体的にほめ、感謝の気持ちを生き生きと伝えます。言い換え例のほか「落ち着いたお店で」「センスのよい盛り付けで」などほめるところはいくらでもあるはずです。ご馳走になったときは、時間を共有できたことの喜びを素直に表現することも大切なマナーです。上司の財布の中身が減った分を、心のこもった感謝の気持ちで満たすのです。

③**《敬語》「お知りだとは」→「ご存じだとは」**

尊敬語の「ご存じ」を使います。

正解数　／3

問87

上司にご馳走になったとき（その3）

次長、カラオケは素人はだしでいらっしゃいますね。見直しました。

答87 次長、カラオケもくろうとはだしでいらっしゃいますね。改めて恐れ入りました。

①《マナー》「**カラオケは**」→「**カラオケも**」

助詞ひとつの使い方次第で、相手に与える印象が違ってきます。

②《知識》「**素人はだし**」→「**くろうとはだし**」

「くろうとはだし」は、くろうともはだしで逃げ出すほどであるという意味で、専門家が驚くほどすぐれているという意味です。

③《マナー》「**見直しました**」→「**改めて恐れ入りました**」

「見直しました」と表現すると、まるで、いままで相手のことを認めていなかったように聞こえてしまいます。実際、そのようなケースもあることと思いますが、「見直しました」では、失礼です。お酒が入ったときは、つい不躾《ぶしつけ》な言葉を発してしまいがちですが、そのようなときこそ、自分の言葉を吟味して、相手の心が和む言葉を発したいものです。

正解数 ／3

問88

上司に電話をする（その1）

昨日から熱があるっぽいので、今日、休ませてもらっていいですか？

答88 昨日から39度の熱がありますので、本日、休ませていただきたいのですが、お許し願えますでしょうか？

①《知識》**「熱があるっぽい」→「39度の熱があります」**

「っぽい」は、動詞の連用形や名詞などにつきますので「熱っぽい」とは言いますが、「熱があるっぽい」とは言いません。高熱の場合は具体的に体温を伝えたほうが、体調の悪さが伝わります。

②《マナー》**「今日」→「本日」**

改まり語の「本日」を使います。

③《マナー》**「休ませてもらっていいですか？」→「休ませていただきたいのですが、お許し願えますでしょうか？」**

上司との会話においても「〜もらっていいですか？」は軽すぎます。ことにお願いの場面では、いつもより丁寧な言葉を選択します。

正解数	／3

問89 上司に電話をする（その2）

はい、夜ごはんも食べれませんでした。
忙しい時期にお仕事ができなくて、
申し訳ございません。

答89 はい、夕食も食べられませんでした。忙しい時期に仕事ができなくて、申し訳ございません。

①《マナー》**「夜ごはん」→「夕食」**

「夜ごはん」も普段着の言葉です。「夕食」という漢語を使うと、改まった印象を与えます。

②《知識》**「食べれませんでした」→「食べられませんでした」**

「食べれない」は、**「ら抜き言葉」**と呼ばれる表現です。「ら抜き言葉」とは、本来「ら」が必要であるのに「ら」を抜いてしまっている言葉を言います。「食べれる」「見れる」「起きれる」などの言い方です。地域によっては定着していますが、「ら抜き言葉は許せない」「ら抜き言葉を使われた段階で取引する気がなくなる」などと嫌悪感を示す人もいます。ビジネスシーンでは、「ら」を抜かない話し方をしたほうが無難です。

③《知識》**「お仕事」→「仕事」**

自分の仕事ですから「お」はつけません。

正解数　／3

問90 上司に電話をする（その3）

呼び出して申し訳ございません。

体調が悪いので、本日休ませていただきます。

答90 お呼びだてして申し訳ございません。体調がすぐれませんので、本日休ませていただきたいのですが、お許しいただけますでしょうか。

① 《知識》**「呼び出して」→「お呼びだてして」**
「お呼びだてする」は、相手を呼び出すときに使います。

② 《知識》**「悪いので」→「すぐれませんので」**
「すぐれない」という表現も言葉の引き出しに入れておきましょう。

③ 《マナー》**「休まさせていただきます」→「休ませていただきたいのですが、お許しいただけますでしょうか？」**
「休まさせて」は、**「さ入れ言葉」**です（108ページ）。また、休暇は当然の権利とばかりに、このような表現をするのはお勧めしません。突然休暇を取ることは、周りに迷惑をかけることですから、周りへの配慮を言葉で表現する必要があります。また、体調が回復して出勤した際には、「ご迷惑をおかけし申し訳ありませんでした」というあいさつを忘れないようにしましょう。

正解数　／3

問91

上司宅に電話をする

内田支店長、寝ているところをすみません。
緊急に耳に入れたいことがあり、お電話をいたしました。

答91

内田支店長、おやすみのところを申し訳ございません。緊急にお耳に入れたいことがあり、お電話をいたしました。

①《敬語》**「寝ている」→「おやすみの」**

尊敬語を使うべき相手が「寝る」ことを「おやすみになる」と言います。

②《マナー》**「すみません」→「申し訳ございません」**

上司の自宅に電話をするのですから、丁寧なお詫びの言葉が必要です。

③《知識》**「耳」→「お耳」**

「お耳に入れる」は、目上の人に情報などを知らせるときに使います。「ぜひ、お耳に入れたいことがございます」「取り急ぎ、お耳に入れたい情報がございまして……」などと、使います。

正解数　／3

クレーム対応の言葉【敬語コラム】

クレームを受けたら、お客さまの言葉をさえぎらずに、お客さまの気持ちを推察しながら話を聞きましょう。逃げ腰にならずに、クレーム内容を的確に把握することが大切です。謝る必要のあるときには丁重な言葉を使って、誠心誠意お詫びしましょう。自分で対応できない場合は、タイミングを見計らって上司や担当者にかわります。

1　お詫びの言葉

大変失礼いたしました
誠に申し訳ございません
行き届かず、誠に申し訳ございません
ご迷惑をおかけし、誠に申し訳ございません
多大なご迷惑をおかけし、深くお詫び申し上げます
誠に不行き届きで、申し訳ございません
今後、十分注意いたします
二度とこのようなことがないように、十分注意いたします

2　相づち

さようでございますか
おっしゃるとおりでございます

ごもっともでございます

3　担当者にかわるとき

担当者にかわりますので、少々お待ちいただけますでしょうか

しかるべき者にかわりますので、少々お待ち願えますでしょうか

4　締めくくりの言葉

今後このようなことがないよう、改善してまいります

早速、改善してまいります

責任を持って対処いたします

ご意見を頂戴《ちょうだい》し、問題点がわかりました。早急に対処いたします

5　使ってはいけない言葉

よくわからないんですが

そんなことはありえません

絶対にそんなことはありません

そうおっしゃいましても

私に言われましても

お客さまの勘違いじゃないですか

ですから／でも

何度も申し上げているとおり

4 先輩との会話

親しき仲にも礼儀あり。
なにげない一言が、実はとても失礼な言い方だったりして……。
言葉の勘違い、していませんか？
問題文にはすべて、適切ではない表現が3箇所あります。
それを指摘してください。

問92 社内にて（その1）

私がさっきミスっちゃったんで、次長が怒り心頭に達するというご様子なのです。

答92　私が先ほどミスをしてしまいましたので、次長が怒り心頭に発するというご様子なのです。

①**《マナー》「さっき」↓「先ほど」**
ビジネスシーンでは、社内の会話であっても、**改まり語**の「先ほど」を使いたいものです。

②**《マナー》「ミスっちゃったんで」↓「ミスをしてしまいましたので」**
「〜っちゃった」は普段着の言葉です。ビジネスシーンにふさわしい言葉に着替えましょう。

③**《知識》「怒り心頭に達する」↓「怒り心頭に発する」**
「怒り心頭に発する」は怒りがこみ上げることです。平成17年度の文化庁の「国語に関する世論調査」によると、「怒り心頭に発する」を正しいと選んだ人は14・0％、「怒り心頭に達する」を正しいと選んだ人は74・2％という結果でしたが、正しい言い方は「怒り心頭に発する」です。

正解数　／3

問93

社内にて（その2）

肝に据えかねるというお気持ちはわかるので、

詫びの入れ方を加藤さんに相談したいんですけど、

（問94に続く）

答93　腹に据えかねるというお気持ちはわかるので、お詫びの仕方を加藤さんにご相談したいのですが、

①《知識》**「肝に据えかねる」→「腹に据えかねる」**

正しくは「腹に据えかねる」です。

②《敬語》**「詫びの入れ方」→「お詫びの仕方」**

この場合の「お」は、謙譲語の「お」です。

③《敬語》**「相談したいんですけど」→「ご相談したいのですが」**

「ご相談する」という謙譲語を使い、相手に対する敬意を表します。親しい先輩であっても、相手に負担をかけるときには、いつもより丁寧な言葉を選びます。丁寧な言葉を使うことで、相手に配慮している自分の姿勢を示します。

正解数　／3

問94

社内にて（その3）

時間とかは何時ごろなら大丈夫って感じですか？
それでは、暇なときにお声をかけてくださいますか？

答94　時間は何時ごろならご都合がよろしいでしょうか？　それでは、一段落したときにお声をかけてくださいますか？

①**《マナー》「時間とか」↓「時間」**
この例文の「とか」は、**「とか弁」**とも言われる使い方で、不要です。

②**《マナー》「大丈夫って感じですか？」↓「ご都合がよろしいでしょうか？」**
「感じ」もあいまい言葉ですので、ビジネスシーンでは慎みましょう。

③**《マナー》「暇なとき」↓「一段落したとき」**
「暇なとき」では、誘ってくれる相手に対して失礼です。忙しい中、自分のために時間を作ってもらうのですから、言葉づかいにも配慮が必要です。なお、「一段落」は、「ひとだんらく」ではなく「いちだんらく」と言います。

正解数　／3

問95 社内にて（その4）

加藤さんの申される意見は、いつも的を得ていて、すごいですね。

答95　加藤さんのご意見は、いつも的を射ていて、勉強になります。

①《敬語》**「申される意見」→「ご意見」**

「申される」は、「申す」という語に「れる」という尊敬語をつけた表現です。「申す」は中世・近世に、自分、相手を問わず「言う」ことを改まって表現するときに使われていて、その名残りで国会などで使われていますが、ビジネスシーンでは避けましょう。

②《知識》**「的を得て」→「的を射て」**

平成15年度の「国語に関する世論調査」（文化庁）で「的を射る」を正しいと選んだ人は、38・8％、「的を得る」を正しいと選んだ人は、54・3％でした。的は射るものですから、言葉の成り立ちを考えると間違い表現を避けることができます。

③《マナー》**「すごいですね」→「勉強になります」**

「勉強になります」「教えていただくことばかりです」など、謙虚さの伝わる表現をします。

正解数　／3

問96

社内にて（その5）

加藤さん、次長が支店長にクレームの件について言われていました。

私からも支店長に言ったほうがいいんでしょうか？

答96 加藤さん、次長が支店長にクレームの件についておっしゃっていました。私からも支店長に申し上げたほうがよろしいでしょうか?

① **《知識》「言われて」→「おっしゃって」**

「言われる」は「言う」に「れる」をつけた表現ですが、尊敬語なのか、受身形なのか紛らわしい表現です。この例文のような使い方だと、次長が言ったのか、支店長が言ったのかがはっきりしません。「おっしゃる」を使えば主語がはっきりします。

② **《敬語》「言った」→「申し上げた」**

謙譲語の「申し上げる」を使います。社内の会話では、その場に上司がいなくても、上司に敬意を払います。

③ **《マナー》「いいんでしょうか?」→「よろしいでしょうか?」**

ビジネスシーンにふさわしい言葉を使います。

正解数
/3

問97

社内にて（その6）

加藤さん、それって、明日の会議の資料ですか？
もうお持ちになられていたのですね。
加藤さんにお渡ししようと思ってコピーしたのですが、
かぶっちゃいましたね。

答97 加藤さん、そちらは、明日の会議の資料ですか？　もうお持ちだったのですね。加藤さんにお渡ししようと思ってコピーしたのですが、重複してしまいましたね。

①《知識》**「それって」→「そちらは」**

年配者と懇談したとき、「それって」「これって」という話し方が気になるという意見がたくさん出ました。なれなれしく、不遜《ふそん》な印象を受けるとのことです。

②《敬語》**「お持ちになられていた」→「お持ちだった」**

「お～になられる」という形の**二重敬語**です。すっきりとした敬語で敬意を表現します。

③《マナー》**「かぶっちゃいました」→「重複してしまいました」**

「かぶっちゃいましたね」も普段着の言葉です。

正解数　／3

問98 プライベートな話題（その1）

ステキなスカートですね。レースのペチコートがついていらっしゃるのですか？

どこでお求めしたのですか？

答98 ステキなスカートですね。レースのペチコートがついているのですか？　どちらでお求めになったのですか？

①《敬語》**「いらっしゃるのですか？」→「いるのですか？」**

スカートに対して尊敬語を使う必要はありません。百貨店でも、「こちらのスカートには裏地がついていらっしゃいますので安心です」と説明を受けることがあります。丁寧に話そうと思うあまり、使う必要のない対象にも尊敬語を使ってしまうのでしょう。

②《マナー》**「どこで」→「どちらで」**

改まり語の「どちら」を使うと、普段の言葉づかいも丁寧な人という印象を与えます。

③《敬語》**「お求めしたのですか？」→「お求めになったのですか？」**

「お求めした」と表現すると、先輩を低め、購入した店を高めることになります。

正解数　／3

問99 プライベートな話題（その2）

派手な加藤さんにお似合いですね。

そのお店は、パーティ用のドレスも置いていらっしゃいますか？

友達を連れてうかがってみます。

答99 はなやかな加藤さんにお似合いですね。そのお店は、パーティ用のドレスも置いてありますか？　友達を連れて行ってみます。

①**《マナー》「派手な」→「はなやかな」**

「派手」もよいイメージの言葉ではありません。ほめているつもりでも、逆に相手を不快にしてしまうこともありますので、言葉はいつも吟味して使いたいものです。

②**《敬語》「いらっしゃいますか？」→「ありますか？」**

店に対して尊敬語を使う必要はありません。

③**《敬語》「うかがってみます」→「行ってみます」**

「うかがう」は、訪問先を高める謙譲語です。「明日、お宅にうかがいます」は正しい言い方ですが、「海にうかがいます」「映画館にうかがいます」などは、おかしな言い方です。相手の身内が経営している店に行く場合には、「うかがう」は正しい言い方です。

正解数　／3

問100

プライベートな話題（その3）

ステキなイタメシのお店を見つけました。
私的には、雰囲気がいいと思いますので、
月末にでもランチをいただきにまいりませんか？

答100 ステキなイタリアンレストランのお店を見つけました。私は、雰囲気がいいと思いますので、月末にでもランチをご一緒にいかがでしょうか？

① **《マナー》「イタメシ」→「イタリアンレストラン」**
　省略表現を避けます。

② **《知識》「私的には」→「私は」**
「私的」「僕的」も流行りの表現ですが、あいまい表現のひとつです。場面に応じて「私といたしましては」などの丁寧な言い方に改めます。

③ **《敬語》「いただきにまいりませんか？」→「ご一緒にいかがでしょうか？」**
　この場面の「いただく」は「食べる」の謙譲語ですから、先輩の「食べる」という行為に使うのは間違いです。また、「まいりませんか？」の「まいる」も謙譲語ですから、この例文のような使い方は間違いです。

正解数
／3

問101 プライベートな話題（その4）

気に入っていただけて連れてきた甲斐がありました。
また、声をかけてもよろしいでしょうか？

答101 お気に召していただけてご案内した甲斐がありました。また、お誘いしてもよろしいでしょうか？

①**《敬語》「気に入って」→「お気に召して」**
「気に入る」を尊敬語で表現すると「お気に召す」になります。

②**《マナー》「連れてきた」→「ご案内した」**
「連れてきた」では、敬意がありませんし、一段高いところからものを言っているように感じられてしまいます。

③**《敬語》「声をかけて」→「お誘いして」**
「声をかける」には敬意がありません。謙譲語の「お〜して」を使い、先輩に対する敬意を伝えます。謙虚な態度は、先輩の目にも好ましく映るでしょう。

正解数 ／3

問102

プライベートな話題（その5）

実は、猫が亡くなってショックを受けていましたので。
動物といっても一把ひとからげにはできませんよね。
私があげるえさしか食べないほどなついていました。

答102 実は、猫が死んでショックを受けていましたので。動物といっても十把ひとからげにはできませんよね。私が与えるえさしか食べないほどなついていました。

①《知識》**「亡くなって」→「死んで」**
「亡くなる」は人が死ぬことを婉曲に表現する言葉です。

②《知識》**「一把ひとからげ」→「十把ひとからげ」**
「十把ひとからげ」とは、いろいろな種類のものを区別なしにひとまとめにして扱うことを言います。なお、読み方は「じっぱ」です。

③《敬語》**「あげる」→「与える」**
「あげる」は本来謙譲語で、この例文の使い方だと、自分を低め、与える先＝ペットを高めます。「えさをあげる」という表現に違和感を覚えない人が増える一方、「言葉の乱れ」だと眉をひそめる人もいます。「えさをあげる」と表現するのは慎重にしたほうがよいでしょう。

正解数　／3

問103 プライベートな話題（その6）

（ステキな指輪ねとほめられて）

旦那のお母さまからいただいたものなので、大切にしております。

答103 （ステキな指輪ねとほめられて）夫の母からもらったものなので、大切にしております。

①《知識》**「旦那」→「夫」**

目上の人に対して話すときは、「夫」、または苗字で表現すると、自立した、凛《りん》とした女性という印象を与えるでしょう。

②《知識》**「お母さま」→「母」**

夫の母親のことを他人に話すときには、「母」と表現します。

③《敬語》**「いただいた」→「もらった」**

「いただいた」は、もらう人を低め、くれる人を高めます。このような場面で「いただいた」と表現すると、身内を高めることになります。「もらう」という表現をしたくない場合には「プレゼントされた」のような別の言葉に置き換えればよいのです。

正解数 ／3

クッション言葉【敬語コラム】

会話のクッション役をする言葉を「クッション言葉」と言います。会話の中にクッション言葉が入ると、相手にやわらかく伝わります。会話の初めに相手に配慮したひとことがあると、相手に与える印象は格段によくなります。たくさんの表現を覚え、場面にふさわしいクッション言葉を使いこなせるようにしましょう。

1　依頼するとき

恐れ入りますが……
　誠に恐れ入りますが……
　お忙しいところ恐れ入りますが……
　お仕事中に恐れ入りますが……
恐縮でございますが……
お手数をおかけいたしますが……
ご迷惑をおかけいたしますが……
ご面倒でなければ……
お時間がありましたら……
ご都合がよろしければ……
よろしければ……

2　尋ねるとき

お差し支えなければ……
お尋ねしたいことがあるのですが……
うかがいたいことがあるのですが……

3　詫びるとき・断るとき

あいにくでございますが……
せっかくでございますが……
大変残念でございますが……
申し訳ございませんが……
　お忙しいところ申し訳ございませんが……
　お仕事中、申し訳ございませんが……
　お手数をおかけし申し訳ございませんが……
　ご迷惑をおかけし申し訳ございませんが……
　ご面倒をおかけし申し訳ございませんが……
　お役に立てずに申し訳ございませんが……
　お急ぎのところ申し訳ございませんが……
　お待たせして申し訳ございませんが……
　お手をわずらわせて申し訳ございませんが……

5 書き言葉の敬語

メールや手紙はあとあとまで残るものです。
間違った表現は使いたくないですね。
言葉の勘違い、していませんか？
問題文にはすべて、適切ではない表現が3箇所あります。
それを指摘してください。

問104 手紙の敬語（その1）

暑中お見舞い申し上げます。炎暑の毎日でございますが、そちらの暑さはいかがでいらっしゃいますか？どうぞ、お体をご自愛ください。

8月10日

答104

残暑お見舞い申し上げます。炎暑の毎日でございますが、そちらの暑さはいかがでしょうか？　どうぞ、ご自愛ください。
8月10日

①《知識》**「暑中」→「残暑」**
日付は、8月10日になっていますので、「暑中見舞い」を出す時期は過ぎています。「暑中見舞い」は8月7日までで、8月8日以降は、「残暑見舞い」になります。8月8日が立秋だからです。

②《敬語》**「でいらっしゃいますか？」→「でしょうか？」**
気候に尊敬語を使う必要はありません。

③《知識》**「お体をご自愛ください」→「ご自愛ください」**
「お体をご自愛」は重複表現です。「自愛」は、自分の健康状態に気をつけるという意味です。

正解数　／3

問105 手紙の敬語（その2）

拝啓　花の便りも聞かれる今日このごろでございます。
ご尊父様がご逝去された由、重ね重ねお悔やみ申し上げます。

答105　ご尊父様がご逝去の由、心よりお悔やみ申し上げます。

①《知識》**「拝啓　花の頼りも聞かれる今日このごろでございます」↓不要**

お悔やみの手紙の場合は、頭語や時候のあいさつを書かずに、すぐに用件に入ります。

②《敬語》**「ご逝去された由」↓「ご逝去の由」**

「ご～される」は、**間違い敬語**とされています。

③《知識》**「重ね重ね」↓「心より」**

忌み言葉と言われる言葉があります。忌み言葉とは、縁起をかついで使うのを避ける言葉、不吉なことを連想させる言葉のことをいいます。弔事の場合には「かえすがえすも」「いよいよ」「重ね重ね」などは使わないように気をつけます。

正解数　／3

問106

手紙の敬語（その3）

小春日和のよいお天気に恵まれ、春の運動会が無事に終わりました。長男のお写真を同封いたしますので、奥様にも見せて差しあげてください。

答106

うららかなよいお天気に恵まれ、春の運動会が無事に終わりました。長男の写真を同封いたしますので、奥様とご一緒にご覧いただければと存じます。

①《知識》**「小春日和の」→「うららかな」**

「小春日和」とは、初冬のころの、おだやかであたたかい日和のことを言います。したがって、春のおだやかな日のことを「小春日和」とは言いません。

②《敬語》**「お写真」→「写真」**

相手が写っている写真や、相手が撮った写真の場合には「お写真」と表現しますが、自分の子どもの写真に「お」はつけません。

③《敬語》**「奥様にも見せて差しあげてください」→「奥様とご一緒にご覧いただければと存じます」**

「差しあげる」は謙譲語ですから、この例文のような使い方をすると、手紙の相手を低めてしまうことになります。また、言い換え例のような表現のほうが、謙虚さが伝わり、好印象を与えることでしょう。

正解数　／3

問107

手紙の敬語（その4）

前略　朝顔の美しい季節となりました。いかがお過ごしですか？　夏休みには、ぜひ皆様でいらしてください。　かしこ

池田　敏彦

答107

拝啓　朝顔の美しい季節となりました。いかがお過ごしですか？　夏休みには、ぜひ皆様でお越しください。　敬具
池田　敏彦

①《知識》**「前略」→「拝啓」**

時候のあいさつを省く際に「前略」を使います。時候のあいさつを書く場合には「拝啓」を使います。

②《マナー》**「いらしてください」→「お越しください」**

「いらしてます」「いらしてください」は、会話でよく使われますが、書き言葉では「いらっしゃる」を使ったほうがよいでしょう。さらに、「いらっしゃる」「おいでになる」よりも「お越しになる」のほうが敬意が高いとされています。

③《知識》**「かしこ」→「敬具」**

「かしこ」は、中古には仮名文の消息で男女ともに用いましたが、近世ころから女性のみが用いるようになりました。この例文の差出人は男性ですので、「かしこ」を使わず、頭語に合った結語を用います。

正解数　／3

問108

お中元のお礼

お元気でお過ごしでございましょうか？
このたびは、結構な物をお送りくださり、ありがとうございます。
笑味させていただいたところ、瑞々しくて……。

答108

お元気でお過ごしのことと存じます。このたびは、見事なメロンをお送りくださり、ありがとうございます。早速、いただいたところ、瑞々しくて……。

①**《敬語》「お過ごしでございましょうか？」→「お過ごしのことと存じます」**

お中元が届いたのは相手が元気な証《あかし》。あえて安否を尋ねなくてもよいでしょう。

②**《マナー》「結構な物」→「見事なメロン」**

お中元、お歳暮などを送ってもらった場合には、できるだけ具体的にお礼の気持ちを伝えるようにしましょう。通り一遍のあいさつよりも、素直に喜びを表現した手紙をもらったほうが、送り主もうれしいはずです。

③**《知識》「笑味させていただいたところ」→「早速、いただいたところ」**

「笑味」は、自分が送ったときに謙遜の気持ちをこめて「ご笑味くださいませ」などと書きますが、相手から送ってもらったものを「笑味しました」とは言いません。

正解数　／3

問109

お歳暮のお礼

このようなお気づかいをいただかなくても結構ですのに……。
高い昆布をお送りいただき、ありがとうございます。
早速、おせち料理に使わさせていただきます。

答109

お気づかいいただき、恐縮しております。上等な昆布をお送りいただき、ありがとうございます。早速、おせち料理に使わせていただきます。

①《マナー》「**このようなお気づかいをいただかなくても結構ですのに**」→「**お気づかいいただき、恐縮しております**」

例文のような表現をすると送り主は、「送って迷惑だったのか?」と不安になります。

②《マナー》「**高い**」→「**上等な**」

値段のことを書くのは品がよくありません。

③《敬語》「**使わさせていただきます**」→「**使わせていただきます**」

「さ入れ言葉」です。

正解数 ／3

問110

年賀状

早々に年賀状をいただき、ありがとうございます。年末から夫の実家にうかがっており、元旦の夜に戻ってまいりました。心ならずもごあいさつが遅れましたこと、お詫び申し上げます。

答110

ご丁寧な年賀状をいただき、ありがとうございます。年末から夫の実家に滞在しており、元日の夜に戻ってまいりました。心ならずもごあいさつが遅れましたこと、お詫び申し上げます。

①**《マナー》「早々に」→「ご丁寧な」**

年賀状を出していない相手から届くと、あわてるものですが、1月1日に届いた年賀状に対して「早々に」と表現すると、開き直っているような印象を与えるおそれもあります。

②**《敬語》「うかがっており」→「滞在しており」**

「うかがう」という謙譲語で表現すると、夫の実家を高めることになります。

③**《知識》「元旦の夜」→「元日の夜」**

「元旦」は、元日の朝のことを指します。

正解数　／3

問111 メール（その1）

山口次長様

こんにちわ。ご無沙汰ですが、お元気でお過ごしのことと存じます。

答111

山口様
こんにちは。ご無沙汰しておりますが、お元気でお過ごしのことと存じます。

① **《マナー》「山口次長様」→「山口様」**

一般に役職名に「様」はつけません。

② **《知識》「こんにちわ」→「こんにちは」**

「こんにちは」は、「こんにちはお日柄もよく……」などの「こんにちは」の後に続く言葉を略したものですので、「は」と表記します。大学生と雑談しているときに「こんにちは」の表記が話題になりました。「は」が正しいことを伝えると数人が目を丸くして「『は』を使っている人はジョークで使っているのだと思っていました!」と驚いていました。なお、改まった手紙には「こんにちは」「こんばんは」は使いません。

③ **《敬語》「ご無沙汰です」→「ご無沙汰しております」**

丁寧に表現します。

正解数 ／3

問112

メール（その2）

来月、父の喜寿のお祝いをいたします。父も、山口様にお目に入れたい書もあるようです。多忙だとは思いますが、お見えになられていただけたら父も喜びます。

答112 来月、父の喜寿のお祝いをいたします。父も、山口様にお目にかけたい書もあるようです。ご多忙だとは思いますが、お越しいただけたら父も喜びます。

①**《敬語》「お目に入れたい」→「お目にかけたい」**

「見せたい」を尊敬語で言うとき「お見せしたい」「お目にかけたい」「ご覧に入れたい」などの表現があります。相手、状況、また「見せる物」の格によっても使い分けます。

②**《敬語》「多忙」→「ご多忙」**

尊敬語の「ご」を使います。

③**《敬語》「お見えになられて」→「お越し」**

「見える」は「来る」の尊敬語ですから、「お見えになられてください」は**三重敬語**になります。丁寧に書こうと思うあまり、このような過剰敬語になってしまうのだと思いますが、「お越しください」とすれば、すっきりとした表現になります。

正解数　／3

問113 メール（その3）

先日の写真を添付ファイルでお送りいたしましたが、見られましたか？　お目通ししていただければうれしゅうございます。また、会える日を楽しみにしております。

答113 先日の写真を添付ファイルでお送りいたしましたが、ご覧になれましたか？　ご覧いただければうれしゅうございます。また、お目にかかれる日を楽しみにしております。

① 《マナー》**「見られましたか？」→「ご覧になれましたか？」**

例文のような表現では、尊敬語なのか「見ることができましたか？」という可能の意味で使っているのかがはっきりしません。

② 《知識》**「お目通しして」→「ご覧」**

「目通し」は、目を通すこと、初めから終わりまで見ることを言います。書類などを見てもらうときには「お目通し」と使いますが、写真などには、「ご覧いただく」のほうが自然です。

③ 《マナー》**「会える」→「お目にかかれる」**

「お会いできる日を楽しみにしております」でもよいのですが「お目にかかれる日」としたほうが敬意が高くなります。

正解数　／3

問114 メール（その4）

結構、先のことになりますが、3月18日の件、大丈夫かだけリプライいただければと思います。

答114 先のことで恐縮でございますが、3月18日の件、ご都合をお返事いただければと思います。

① **《マナー》「結構、先のことになりますが」→「先のことで恐縮でございますが」**

このメールは、話し言葉をそのまま書いたような印象を受けます。「結構」が口癖になっている人がこのような書き方をしがちです。ビジネスメールは、会話のときよりも慎重に言葉を選び、必ず推敲してから送るのがマナーです。

② **《敬語》「大丈夫かだけ」→「ご都合を」**

ビジネスメールでは、丁寧な表現を心がけます。

③ **《マナー》「リプライ」→「お返事」**

「リプライ」は、「回答・返事」のことですが、日本語を使い、「お」という尊敬語をつけたほうが丁寧な印象を与えます。なお、「ご返事」も正しい言い方で、「お返事」よりも改まった印象を与えます。

正解数　／3

問115 メール（その5）

二次会の参加人数は、５人ないし15人の予定でございます。参加人数によって、会場を決めますので、出れるかどうかだけお返事をくださいますか？　メールでよろしいです。

答115

二次会の参加人数は、5人から15人までの予定でございます。参加人数によって、会場を決めますので、ご出席いただけるかどうかだけお返事をくださいますか？　メールで結構でございます。

①《知識》**「5人ないし15人」**↓**「5人から15人まで」**

「ないし」は、数量などの上下・前後の限界を示して、その中間を省略するときに用います。「5人ないし7人」のように、近い数をあげるのが正しい使い方です。

②《敬語》**「出れる」**↓**「ご出席いただける」**

「出れる」は、「出られる」の「ら」が抜けた**「ら抜き言葉」**です。ビジネスメールでは、「ご～いただける」のレベルの敬語を使います。

③《マナー》**「よろしいです」**↓**「結構でございます」**

この例文のような「よろしい」の使い方は、相手に尊大な印象を与えてしまいます。

正解数　／3

問116

社内文書（その1）

○○各位殿　スポーツ大会の出欠の返事は、数日中に、連絡ください。

答116 ○○各位　スポーツ大会の出欠の返事は、○○日○時までに、ご連絡ください。

①**《知識》「各位殿」→「各位」**

「各位」は敬称ですので、「殿」は必要ありません。

②**《マナー》「数日中」→「○○日○時まで」**

数日のとらえ方は人それぞれで、2、3日ととる人もいれば、5、6日ととる人もいます。行き違いを防ぐためにも、締め切りの日時をしっかりと記入します。

③**《知識》「連絡ください」→「ご連絡ください」**

「連絡ください」は、「連絡してください」「連絡をしてください」または、「ご連絡ください」としなければ正しい表現にはなりません。

正解数　／3

問117

社内文書（その2）

当日は、筆記用具を必ずご持参してください。なお、お飲み物は用意してございます。欠席の場合は、樋口までご連絡してください。

答117 当日は、筆記用具を必ずお持ちください。なお、お飲み物は用意しております。欠席の場合は、樋口までご連絡ください。

①《敬語》**「ご持参してください」**→**「お持ちください」**

「ご持参してください」と「して」が入ると**間違い敬語**になります。「『持参する』は謙譲語なので、高めるべき相手に使うのは誤り」と考える人もいますので、「お持ちください」という尊敬語を使ったほうが無難です。

②《敬語》**「ございます」**→**「おります」**

本来尊敬語を使うべき場面でも「桜井さんでございますか?」と言ったり、謙譲語を使うべき場面でも「筆記具はこちらで用意してございます」と言ったりする人が増えてきました。「ございます」は丁寧語です。「桜井さんでいらっしゃいますか?」「こちらで用意しております」と、尊敬語、謙譲語を適切に使いたいものです。

③《敬語》**「ご連絡してください」**→**「ご連絡ください」**

間違い敬語です。

正解数 ／3

問118

社外文書（その1）

このたび、新製品を開発させていただきました。ご批評を賜りたく、案内を申し上げます。

答118 このたび、新製品を開発いたしました。ご高評を賜りたく、ご案内申し上げます。

①《マナー》**「開発させていただきました」→「開発いたしました」**

相手の許可を得て開発したわけではありませんから、このような表現は違和感を与え、慇懃無礼という印象を与えるおそれもあります。

②《知識》**「ご批評」→「ご高評」**

高めるべき相手の「批評」のことを「ご高評」と言います。

③《敬語》**「案内を申し上げます」→「ご案内申し上げます」**

「案内を申し上げる」と書くと、「案内を言います」という意味になってしまいます。「ご〜申し上げる」という形の謙譲語を使います。

正解数 ／3

問119

社外文書（その2）

下記のとうり、投資セミナーを開催いたします。当店のお客さま以外でもご参加できますので、お誘いあわせてご参加のほどお待ち申し上げます。

答119 下記のとおり、投資セミナーを開催いたします。当店のお客さま以外でもご参加いただけますので、お誘いあわせの上ご参加のほどお待ち申し上げます。

①《知識》**「とうり」→「とおり」**
意外に多い間違いですが、正しくは「とおり」です。

②《敬語》**「ご参加できます」→「ご参加いただけます」**
「ご〜できる」は、謙譲語の「ご〜する」の可能形です。

③《敬語》**「お誘いあわせて」→「お誘いあわせの上」**
「お誘いあわせて」は、「お誘いあわせになって」とすると正しい敬語になります。
なお、あとに続く言葉が「ご参加のほど」となっていますので、「お誘いあわせの上」とし、文章を整えます。

正解数 ／3

敬語の五分類

【敬語コラム】

文化審議会の国語分科会で、敬語の五分類化の指針案が発表されました。新聞で大きく報道された影響で、「敬語が五分類になるそうですね」と話しかけられることが多くなりました。中には、「三分類でもよくわからないのに、五分類についていけるのか心配です」という声も聞こえてきます。

指針案では、謙譲語を二種類に分類し、丁寧語から美化語を独立させ、尊敬語、謙譲語Ⅰ、謙譲語Ⅱ、丁寧語、美化語の五分類にするという案が示されています。

NHK学園通信教育「話し上手は敬語から」講座では、平成十年からこの五分類を採用しています。一回めのリポート提出の際には、「謙譲語の二分類が難しいです」という声が多いのですが、最終のリポート提出の際には、「謙譲語の使い方がよくわかるようになりました」という感想、そして、「謙譲語の使い方を間違えないようになったら、お客さまとのコミュニケーションが円滑になりました」という感想が数多く寄せられています。

ところで、「妹に申し上げました」という表現はおかしいのに、「妹に申しました」という表現はおかしくない、ということに疑問をお持ちになったことはありませんか？　学校では、「申す」も「申し上げる」も謙譲語だと習いました。同じ謙譲語なのに、なぜ、不自然な表現と、自然な表現にわかれるのでしょうか。

謙譲語の中には二つの種類があり、それぞれ働きが違うからなのです。

「申し上げる」は謙譲語Ⅰで、「言う」人を低め、「言う」先を高める働きがあります。したがって、「妹に申し上げました」と言うと、自分を低め、妹を高めることになるのです。

一方「申す」は謙譲語Ⅱで、「言う」人を低め、聞き手に敬意を払います。したがって、「妹に申しました」と言っても、妹を高めることにはならないのです。

同じように社外の人に対して話すときに、「その件は、内田（社内の人）に申し上げました」と言えば、社内の人を高めることになり、間違い敬語になります。「その件は、内田に申しました」と言えば、聞き手＝社外の人に敬意を払った、適切な表現となります。

このように、謙譲語Ⅰと謙譲語Ⅱには、働きに違いがありますので、働きの違いを知ることが、謙譲語の使い間違いをなくすスタートになります。

最終的に文化審議会がこの五分類を採用するかどうかは、現時点ではわかりませんが、謙譲語Ⅰと謙譲語Ⅱの違いについて知ることが、間違い敬語をなくし、信頼される敬語を使う近道だということを、受講者の声から実感しています。

なお、巻末に「敬語早見表」をつけ、謙譲語Ⅰと謙譲語Ⅱを分類しています。

敬語のレベルアップ【敬語コラム】

敬語にはレベルがあります。どの相手に、どの状況で、どのレベルの敬語を使ったらよいのかを考え、最も適切な表現ができるようにしましょう。

1 「れる」という尊敬語を使うよりも、別の言葉に置き換えたほうが丁寧な印象を与えます。

〈例〉

「〜れる」を使った敬語　別の言葉に置き換えた敬語
課長が言われました　↓　課長がおっしゃいました
課長が行かれました　↓　課長がいらっしゃいました
課長が見られました　↓　課長がご覧になりました

2 長く言うほど、相手には丁寧に響きます。

〈例〉

これでいい？
これでいいですか？
こちらでよろしいですか？
こちらでよろしいでしょうか？
こちらでよろしゅうございますか？
こちらでよろしゅうございましょうか？

3 相手の意向を尋ねる表現にすると、相手を尊重する姿勢が伝わります。

ビジネスシーンでは、命令形を使うことが少なくなりました。命令形の代わりに相手の意向を尋ねる表現が好まれています。

〈例〉　ご覧ください　→　ご覧いただけますでしょうか

ご連絡をください　→　ご連絡をいただけますでしょうか

お伝えください　→　お伝え願えますでしょうか

4　改まり語を使うと、改まった雰囲気を演出できます。

〈例〉　ちょっと　→　少々

もう　→　すでに

わりと　→　比較的

相手・場・状況にふさわしい敬語

1　相手

敬語のレベルをあげるポイントを説明しましたが、いつも最上級の敬語を使っていれば問題がないということではありません。相手との社会的距離、心理的距離を測り、相手にもっともふさわしい敬語のレベルを選択しましょう。

職場の年の近い先輩に対して、「こちらでよろしゅうございましょうか」「さようでございますか」など、最上級の敬語を使えば、過剰敬語という印象を与えるでしょう。逆に、お客さまに対して、「これでいいですか」「わかりました」という丁寧語だけの応対をしたなら、ぞんざいな印象を与えるでしょう。敬語にはレベルがあり、相手が求めている敬語のレベルから大きく外れたとき、相手は違和感を覚えるのです。

2 場

相手の求めている敬語のレベルを選択することが大切ですが、そのほか、「場」にも注意を払い、その場にふさわしい敬語のレベルを選択しましょう。

休み時間に敬語抜きで話している同僚に対しても、会議中に友達言葉で話しかけたらひんしゅくを買うことでしょう。また、結婚式やパーティなどの場で、くだけすぎた言葉を発することも慎《つつし》みたいものです。場の改まり度に合わせて、言葉を選択しましょう。

3 状況

状況に合わせて言葉を選択する姿勢も大切です。書類をバラバラに落として困っている先輩に対して、「お差し仕えなければ、拾わせていただきたいのですが」などと、長い言葉で丁寧に聞くよりも、「お手伝いいたします」というひとことを添えて、機敏に書類を集めたほうがその場にふさわしい言動と言えるでしょう。また、大きな荷物を運んでいる上司に対して、「よろしければ、お手伝いさせていただきとうございます」と最上級の敬語を使って言うよりも、さっと手を出しながら「お持ちいたします」と声をかけたほうが、その場にふさわしい、相手に配慮した言動と言えるでしょう。

状況にふさわしい敬語表現をするためには、状況を的確に把握する力、相手の気持ちを察知する力も必要です。敬語の引き出しを増やすとともに、その状況に最もふさわしい言動ができるように、経験を重ねていきましょう。

［巻末資料　その1］敬語の種類

敬語は、尊敬語、謙譲語Ⅰ、謙譲語Ⅱ、丁寧語、美化語に分類することができます。そのほか、敬語に準ずるものとして、改まり語があります。それぞれの働きの違いを知り、適切に敬語を使いこなしましょう。尊敬語と謙譲語の働きの違いを知ること、謙譲語Ⅰと謙譲語Ⅱの働きの違いを知ることが、正しい敬語表現への初めの一歩となります。

尊敬語

相手や話題に登場する人物について、また、その人側の物、動作、状態などを高めて表現するときの敬語です。

「部長、○○社には、いつ、いらっしゃいますか」「おいでになりますか」「お越しになりますか」などという言い方で、相手の「行く」という動作を高めて表現するときに使います。

また、「社長がいらっしゃいました」「おいでになりました」「お越しになりました」「お見えになりました」などと、話題に登場する人物を高めるときにも使います。

謙譲語

謙譲語Ⅰ……話題に登場する人物を低めることによって、その相手方の人（話題の人の行為の関係する先方）を高め、敬意を表す謙譲語。

謙譲語Ⅱ……話題に登場する人物を低めることにより、聞き手に敬意を表す謙譲語。

謙譲語Ⅱは、「申す」「まいる」「おる」「存じる」「いたす」などがあります。

謙譲語Ⅰには、行為の関係する先方を高める働きがありますので、謙譲語Ⅰを使って、「弟に申し上げます」「実家にうかがいます」などと表現するのは誤りです。「弟」や「実家」を高めてしまうことになるからです。謙譲語Ⅱを使って、「弟に申します」「実家にまいります」と表現すれば、聞き手に敬意を表したことになり適切な表現になります。謙譲語Ⅰと謙譲語Ⅱの働きの違いを知り、適切に使い分けましょう。

尊敬語、謙譲語Ⅰ、謙譲語Ⅱについては、巻末の「敬語早見表」で確認してください。

丁寧語

話し手の丁寧な気持ちを直接表現するために用いられる敬語。「です」「ます」「ございます」が、丁寧語の代表です。

美化語

表現の上品さ、美しさの水準を上げるために用いられる敬語。

「お土産」「お箸」「お金」「お茶碗」「ご年始」「ご近所」「ご祝儀」など。

改まり語

改まった言い方です。

「本日」「明後日」「昨年」「こちら」「あちら」「そちら」「どちら」「先ほど」「後ほど」など。

原型	尊敬語	謙譲語Ⅰ	謙譲語Ⅱ
くれる	くださる		
死ぬ	お亡くなりになる		
知る	ご存じ	存じ上げる	存じる
住む	お住まいになる		
する	なさる		いたす
尋ねる	お尋ねになる	うかがう お尋ねする	
訪ねる	お訪ねになる	うかがう お訪ねする	
食べる	召し上がる		いただく
飲む	召し上がる お飲みになる		いただく
見せる	お見せになる	ご覧に入れる お目にかける お見せする	
見る	ご覧になる	拝見する	
もらう	おもらいになる	いただく 頂戴する	
読む	お読みになる	拝読する	

[巻末資料その2]　敬語早見表

原型	尊敬語	謙譲語Ⅰ	謙譲語Ⅱ
会う	お会いになる	お目にかかる お会いする	
言う	おっしゃる	申し上げる	申す
行く	いらっしゃる おいでになる	うかがう	まいる
いる	いらっしゃる おいでになる		おる
思う	お思いになる		存じる
借りる	お借りになる	拝借する お借りする	
聞かせる	お聞かせになる	お耳に入れる お聞かせする	
聞く	お聞きになる	うかがう お聞きする	
来る	いらっしゃる おいでになる お越しになる 見える		まいる

索引

クイズで間違いとして取り上げているおかしな敬語を、50音順に並べました。□欄も利用して、知識の総整理にお使いください。そして、あなたの勘違いを修正しましょう。

◆あ行

INDEX

◆か行

◆さ行

◆た行

◆な行

◆は行

INDEX

本文イラスト　ごぶいち
本文レイアウト　盛川和洋
図版作製　日本アートグラファー
索引作製　編集館

一〇〇字書評

切り取り線

購買動機（新聞、雑誌名を記入するか、あるいは○をつけてください）	
□（　　　　　　　）の広告を見て	
□（　　　　　　　）の書評を見て	
□ 知人のすすめで	□ タイトルに惹かれて
□ カバーがよかったから	□ 内容が面白そうだから
□ 好きな作家だから	□ 好きな分野の本だから

●最近、最も感銘を受けた作品名をお書きください

●あなたのお好きな作家名をお書きください

●その他、ご要望がありましたらお書きください

住所	〒				
氏名		職業		年齢	
新刊情報等のパソコンメール配信を 希望する・しない	Eメール	※携帯には配信できません			

あなたにお願い

この本の感想を、編集部までお寄せいただけたらありがたく存じます。今後の企画の参考にさせていただきます。Eメールでも結構です。

いただいた「一〇〇字書評」は、新聞・雑誌等に紹介させていただくことがあります。その場合はお礼として特製図書カードを差し上げます。

前ページの原稿用紙に書評をお書きの上、切り取り、左記までお送り下さい。宛先の住所は不要です。

なお、ご記入いただいたお名前、ご住所等は、書評紹介の事前了解、謝礼のお届けのためだけに利用し、そのほかの目的のために利用することはありません。またそのデータを六カ月を超えて保管することもありませんので、ご安心ください。

〒一〇一・八七〇一
祥伝社黄金文庫編集長　萩原貞臣
☎〇三（三二六五）二〇八〇
ohgon@shodensha.co.jp

祥伝社黄金文庫

祥伝社黄金文庫　創刊のことば

「小さくとも輝く知性」――祥伝社黄金文庫はいつの時代にあっても、きらりと光る個性を主張していきます。

真に人間的な価値とは何か、を求めるノン・ブックシリーズの子どもとしてスタートした祥伝社文庫ノンフィクションは、創刊15年を機に、祥伝社黄金文庫として新たな出発をいたします。「豊かで深い知恵と勇気」「大いなる人生の楽しみ」を追求するのが新シリーズの目的です。小さい身なりでも堂々と前進していきます。

黄金文庫をご愛読いただき、ご意見ご希望を編集部までお寄せくださいますよう、お願いいたします。

平成12年(2000年)2月1日　　祥伝社黄金文庫　編集部

敬語《けいご》の達人《たつじん》　クイズでわかるあなたの勘違《かんちが》い

平成18年12月20日　初版第1刷発行

著　者　山《やま》岸《ぎし》弘《ひろ》子《こ》

発行者　深澤健一

発行所　祥《しょう》伝《でん》社《しゃ》
東京都千代田区神田神保町3-6-5
九段尚学ビル　〒101-8701
☎03（3265）2081（販売部）
☎03（3265）2080（編集部）
☎03（3265）3622（業務部）

印刷所　萩原印刷

製本所　ナショナル製本

造本には十分注意しておりますが、万一、落丁、乱丁などの不良品がありましたら、「業務部」あてにお送り下さい。送料小社負担にてお取り替えいたします。

ISBN4-396-31421-3　C0181

祥伝社のホームページ・http://www.shodensha.co.jp/